I0041711

LE GUIDE DU MANAGER D'ÉQUIPE

Les clés pour gérer vos ressources humaines

Éditions d'Organisation
1, rue Thénard
75240 Paris Cedex 05
www.editions-organisation.com

DANGER

LE PHOTOCOPILLAGE TUE LE LIVRE

Le code de la propriété intellectuelle du 1er juillet 1992 interdit en effet expressément la photocopie à usage collectif sans autorisation des ayants droit. Or, cette pratique s'est généralisée notamment dans l'enseigne-ment, provoquant une baisse brutale des achats de livres, au point que la possibilité même pour les auteurs de créer des œuvres nouvelles et de les faire éditer correctement est aujourd'hui menacée.

En application de la loi du 11 mars 1957, il est interdit de reproduire intégralement ou partiellement le présent ouvrage, sur quelque support que ce soit, sans autorisation de l'Éditeur ou du Centre Français d'Exploitation du Droit de copie, 20, rue des Grands-Augustins, 75006 Paris.

© Éditions d'Organisation, 1999, 2001, 2004
ISBN : 2-7081-3160-5

Jean-Louis VIARGUES

LE GUIDE DU MANAGER D'ÉQUIPE

D'ÉQUIPE

Les clés pour gérer vos ressources humaines

Troisième édition

**Éditions
d'Organisation**

Collection de l'Institut MANPOWER

L'Institut MANPOWER de Recherches Prospectives en Ressources Humaines

Acteur et observateur central du monde de l'emploi, Manpower a créé en 1994 un Institut de recherches prospectives en ressources humaines afin de mutualiser son expertise dans le domaine.

L'objectf de l'Institut Manpower est double : explorer d'une part les évolutions à moyen terme en matière de GRH ; apporter d'autre part aux entreprises et aux dirigeants des outils d'aide à la décision leur permettant de se préparer dès aujourd'hui aux implications de ces mutations à venir.

La collection de livres édités aux Éditions d'Organisation s'inscrit dans cette double perspective et complète les autres actions de l'Institut Manpower : publication de cahiers de recherche thématiques, réalisation de guides sur les enjeux de la GRH, remise du Prix de l'ouvrage en ressources humaines ...

Cette collection est dirigée par Jean-Pierre LEMONNIER, Denis PENNEL (MANPOWER), et Jean-Pierre RICHARD (PLUS CONSULTANTS) avec la collaboration de Jacques PERRIN, directeur de l'Enseignement Supérieur et du Développement des Pôles de Compétences Technologiques CCINCA et Georges TRÉPO, Professeur au Groupe HEC, ex-président de l'association Francophone de GRH (AGRH). " Program Chair de la division Management Consulting, Academy of Management, USA "

Titres Parus

Jean-Paul ANTONA, *la rupture du travail : guide juridique et pratique*, 1998.

Victor ERNOULT, *Recruter sans se tromper,* 2002, 2e édition 2004.

Guillaume FRANCK et Rafael RAMIREZ, *les meilleurs pratiques des multinationales : Structures - Contrôle - Management - Culture,* 2003.

Bernard MERCK et Coll., *Équipes RH acteurs de la str@tégie - l'e-RH : mode ou révolution,* 2002.

Thierry C. PAUCHANT et Coll., *La quête du sens,* 1997.

Jean-Marie PERETTI, *Les clés de l'équité dans l'entreprise,* 2004.

Guy-Patrice QUÉTANT et Michel PIERCHON, *L'embauche : guide juridique et pratique,* 1998.

Stéphanie SAVEL, Jean-Pierre GAUTHIER et Michel BUSSIÈRES, *Déléguer – Voyage au cœur de la délégation,* 2000.

Maurice THÉVENET, *Le plaisir de travailler – Favoriser l'implication des personnes,* 2000, 2e édition 2004.

George TRÉPO, Nathalie ESTRELLAT, Ewan OIRY, *L'appréciation du personnel,* 2002.

Philippe VILLEMUS, *Motiver vos équipes : le guide,* 1997, 2e édition 2004.

Sommaire

INTRODUCTION 1

CHAPITRE 1 : LES RÈGLES DE BASE DU MANAGEMENT DES RESSOURCES
        HUMAINES 5

Faut-il manager son équipe ? 6
  – Manager les hommes, c'est rentable 7
  – Car manager les hommes, c'est fabriquer un avantage concurrentiel 7
  – Manager les hommes, c'est accroître la pérennité de ses résultats 9
  – Manager les hommes, c'est contribuer à garantir
    le maintien de l'emploi 9
  – Manager les hommes, des soucis mais quel plaisir ! 10

Qu'est-ce que manager une équipe ? 10
  – D'abord gérer un processus d'allocation de ressources 11
  – Et veiller à faire se mobiliser les collaborateurs, ou
    gérer la balance contribution / rétribution 14
  – L'environnement du management des hommes 20

    ⇨ Faisons le point 23
    ⇨ Mes conseils 24

CHAPITRE 2 : INTÉGRER UN COLLABORATEUR DANS L'ÉQUIPE,
        RECRUTER 25

Les analyses préalables au recrutement 26
De la définition de fonction au profil de recrutement 27
Du profil de recrutement à l'approvisionnement en candidatures........32
Recrutement interne ou recrutement externe ? 34
De l'approvisionnement en candidatures au choix final 37

La première sélection 38
Du choix final à l'intégration 39
Comment réussir une intégration ? 43

    ⇨ Faisons le point 45
    ⇨ Mes conseils 46

CHAPITRE 3 : ORGANISER, ANIMER L'ÉQUIPE 47
Faire partager un projet... donner le cap ! 48
Fixer des objectifs 49
Déléguer 55
Contrôler 58
Décider 59
Manager le changement 60

    ⇨ Faisons le point 66
    ⇨ Mes conseils 67

CHAPITRE 4 : EVALUER VOS COLLABORATEURS 69
Un entretien d'appréciation, est-ce utile ? 71
Les objets possibles de l'évaluation 74
  – Évaluer l'atteinte des objectifs, les résultats 74
  – Évaluer les compétences 77
  – Évaluer un potentiel 79
Les méthodes possibles pour mener l'évaluation 80
Quelques conseils pour mener un entretien d'appréciation 86

    ⇨ Faisons le point 90
    ⇨ Mes conseils 91

CHAPITRE 5 : RÉTRIBUER VOS COLLABORATEURS 93
Qu'est-ce qu'un système de rétribution ? 94
Quelles sont les contributions attendues ? 94
Quelles sont les rétributions possibles ? 99
Le système de rémunération dominant 105
Les éléments-clés d'un bon système de rétribution 109
**Quelques recommandations pour vos choix en matière
d'augmentation de vos collaborateurs** 110

    ⇨ Faisons le point 114
    ⇨ Mes conseils 115

© Éditions d'Organisation

Chapitre 6 : Faire progresser vos collaborateurs 117
Pourquoi développer vos collaborateurs ? 118
Faire progresser par le management 120
Faire progresser par l'organisation du travail 121
Faire progresser par la formation 125
Développer par la gestion de carrière 133

⇨ Faisons le point 140
⇨ Mes conseils 141

Chapitre 7 : Se séparer d'un membre de l'équipe 143
Prévenir la situation 144
Anticiper l'évolution des emplois et des compétences 146
Prendre la décision 148
Mettre en œuvre la décision 151

⇨ Faisons le point 153
⇨ Mes conseils 154

Chapitre 8 : Informer et communiquer 157
L'information 159
– Quelle quantité d'information diffuser ? 159
– Donner du sens aux informations diffusées 161
– Faciliter la circulation de l'information 162
– Privilégier la rapidité de circulation de l'information 163
– Quelques commentaires à propos du secret ! 163
– Les supports possibles 164

La communication 166
– Clarifier les rôles et missions de chacun 167
– Instaurer un climat de confiance 167
– Donner le droit à l'erreur 168
– Développer des attitudes communicantes 168

⇨ Faisons le point 170
⇨ Mes conseils 171

© Éditions d'Organisation

CHAPITRE 9 : COOPÉRER AVEC VOTRE **DRH** ET DES CONSULTANTS
           EXTERNES 175
Le rôle de la DRH, ses problèmes 176
Le responsable du recrutement ou le conseil en recrutement 183
Le responsable de la formation ou le conseil en formation 186

   ⇨ Faisons le point 189
   ⇨ Mes conseils 190

CHAPITRE 10 : DE QUOI SERA FAIT DEMAIN ? 195
Le management des entreprises est en profond bouleversement 196
Les évolutions du travail 199
Les évolutions des méthodes et outils de management des
ressources humaines 204

   ⇨ Faisons le point 209
   ⇨ Mes conseils 210

CONCLUSION :
Et maintenant, comment progresser ? 215

BIBLIOGRAPHIE 223

© Éditions d'Organisation

Introduction

Les entreprises sont engagées depuis plusieurs années dans un mouvement de responsabilisation de leurs managers en matière de gestion des hommes.

Aujourd'hui, plus qu'hier, le contremaître, l'inspecteur des ventes, le responsable de guichet, le chef de bureau, le responsable de production ou encore le chef comptable sont complètement responsables de l'animation, au sens large, de leur équipe.

Ils recrutent, ils mutent, ils évaluent, ils forment, ils développent, ils sanctionnent, ils modifient les rémunérations de leurs collaborateurs en fonction de l'appréciation de la situation de leur équipe et dans le respect des politiques arrêtées par leur entreprise.

Très souvent ces responsables ont été nommés sur leurs talents et expertises techniques plus que sur leurs compétences d'animateurs d'équipes. C'est une des raisons pour laquelle beaucoup d'entreprises mettent en place des programmes de formation au management à leur intention.

Ces programmes sont souvent « découpés en tranches », d'un côté « le management » (fixer des objectifs, déléguer...), d'un autre « la gestion des hommes » (recruter, rémunérer, mener un entretien d'appréciation...).

© Éditions d'Organisation

Or, le chef d'équipe est, au quotidien, confronté à ces problèmes de manière intégrée et ses actes dans un domaine rejaillissent sur l'autre. Il est jugé globalement par ses collaborateurs et par son patron tant pour sa manière de recruter que sur sa façon de fixer des objectifs. Au fond, c'est la cohérence de ses actes et la consistance entre ce qu'il dit et ce qu'il fait qui font de lui un bon ou un mauvais manager d'hommes.

Les manuels sur ce sujet portent souvent sur un des éléments de la discipline. Ils sont fréquemment à l'usage des professionnels de la gestion des ressources humaines et emploient un vocabulaire quelque peu complexe ou présentent des méthodes parfois trop sophistiquées... ou encore sont un simple effet de mode.

L'enseignement du management des hommes est également le reflet de cette situation. Il n'est développé à l'université ou dans les grandes écoles que depuis peu de temps et son poids par rapport aux enseignements classiques de contenu technique est encore très faible.

C'est à partir de ces réflexions que j'ai décidé de me lancer dans l'écriture de cet ouvrage.

En tant que Directeur des Ressources Humaines dans un grand groupe international de service, j'ai piloté la délégation de la gestion des hommes à des responsables opérationnels. À cette occasion, je me suis rendu compte que nous avions à nous rapprocher les uns des autres.

Le Directeur des Ressources Humaines doit bien sûr être, auprès de la direction générale, le premier défenseur de la dimension « humaine » de l'entreprise et, à ce titre, veiller au respect de règles d'équité au sein des différents départements. Mais en même temps, il doit apporter aux opérationnels des services à valeur ajoutée leur permettant de résoudre au mieux leurs problèmes de gestion d'équipe.

Les managers opérationnels doivent parfois « s'arrêter » pour s'interroger sur la meilleure manière de satisfaire les exigences

© Éditions d'Organisation

croissantes et contradictoires qui pèsent sur eux. S'ils ont des collaborateurs bien dans leur poste et leurs missions, informés des enjeux, de leurs objectifs, des moyens mis à leur disposition, de leurs possibilité de développement professionnel et équitablement rémunérés, il y a de fortes chances qu'ils aient des clients satisfaits et de bons résultats et donc des actionnaires fidèles.

Tout au long de ma vie professionnelle, j'ai constaté qu'il y avait toujours une réserve de mobilisation dans toutes les équipes, à condition que l'on sache l'exploiter en écoutant et en faisant confiance aux salariés.

En tant que chargé de cours de management des ressources humaines à HEC depuis plus de 15 ans, j'ai cherché à préparer mes étudiants non à devenir des experts en matière de gestion des ressources humaines, mais de futurs chefs d'équipe, soucieux de leurs collaborateurs, justes dans leurs jugements, développeurs de talents et courageux dans leurs décisions de patron d'équipe.

Cet ouvrage est donc le fruit de ces expériences et de cette réflexion. Il n'a pas pour ambition d'être une contribution majeure au progrès des méthodes et techniques de gestion des ressources humaines.

C'est un manuel à l'attention des chefs d'équipes de moyennes ou grandes entreprises, des patrons de petites entreprises, des étudiants, futurs chefs d'équipe ou futurs créateurs d'entreprise. Son ambition est de leur donner les moyens de maîtriser tous les actes élémentaires de la gestion de l'équipe, de les situer dans leur contexte et de leur donner les quelques conseils que je puis tirer de ma propre expérience de management.

Ce n'est pas un livre pour spécialiste, je prends d'ailleurs sur certains sujets des raccourcis simplificateurs qui m'ont, dès la première édition, valus quelques critiques de certains de mes collègues experts !

© Éditions d'Organisation

Il peut être lu en une ou plusieurs fois, chaque chapitre étant autonome.

De nombreuses réactions recueillies après la première édition m'ont prouvé qu'un certain nombre de lecteurs étaient plus qu'auparavant convaincus que leur réussite passait par celle de leurs collaborateurs. J'espère qu'il en sera de même pour vous et que vous trouverez dans ce livre les moyens de progresser.

Ne soyez pas trop ambitieux, ce sont les petits ruisseaux qui font les grandes rivières et les successions de petites victoires qui permettent de gagner la guerre… Progressez sur un point avant d'en aborder un autre.

Et surtout, prenez le temps nécessaire au dialogue et à l'écoute de vos collaborateurs, sans oublier qu'un animateur d'équipe doit plus chercher à se faire respecter qu'à se faire aimer.

Entraygues-sur-Truyère, octobre 2000.

© Éditions d'Organisation

CHAPITRE 1

Les règles de base du management des ressources humaines

© Éditions d'Organisation

Faut-il « manager » son équipe ?

« Il n'y a de richesses que d'hommes », « Il ne faut pas parler de
ressources humaines mais de richesses humaines ! », « L'actif le
plus important de notre entreprise est constitué des hommes et
des femmes qui composent nos équipes », « Dans notre métier,
ce qui fait la différence c'est la qualité et la motivation de nos
collaborateurs », « Notre enjeu majeur pour demain est de savoir
attirer et retenir des collaborateurs compétents »… qui n'a pas
entendu ce type de déclaration dans son entreprise ou qui ne l'a
pas lu dans la presse économique ?

Personne ! La réponse à la question est donc évidente, les hommes et les femmes sont une des ressources rares de l'entreprise
et il convient donc de les manager avec la plus grande attention.

Et pourtant, beaucoup d'entreprises détruisent des emplois, les
plans stratégiques sont souvent très pauvres sur le domaine ressources humaines, les plans d'investissements comprennent très
rarement de volets humains détaillés, peu nombreuses sont les
firmes qui intègrent des éléments de leur capital humain dans la
présentation de leurs résultats, les indicateurs de pilotage de la
« ressource » humaine quasi inexistants (or, ce qui est rare est
toujours compté, suivi…), les responsables de ressources humaines sont peu souvent membres du comité de direction… D'après
une étude citée par Jeffrey Pfeffer[1], seulement 30% des entreprises américaines considèrent les ressources humaines comme un
levier stratégique…

De plus, chacun d'entre nous peut donner un certain nombre
d'exemples d'entreprises ou d'équipes performantes où, au quotidien, l'homme ne semble pas être considéré comme la première richesse.

---

[1] Jeffrey Pfeffer, *The humain equation*, Harvard Business Scholl Press, 1998.

© Éditions d'Organisation

Le discours sur la gestion des ressources humaines est donc ambigu.

Il relève tantôt de la bonne conscience, tantôt du pari de Pascal (des collaborateurs motivés sont par définition plus productifs) et parfois de l'envie d'être considéré par ses collaborateurs ou par la communauté dans laquelle on vit.

En ce qui me concerne, l'enjeu est clair même s'il n'est pas simple à mettre en œuvre ! **Manager les hommes dans une organisation est la condition nécessaire à l'obtention de résultats durables pour cette dernière** et je vais essayer de vous en convaincre en vous donnant d'abord des arguments économiques.

Manager les hommes, c'est rentable...

Investir dans la gestion des ressources humaines, c'est rentable. Une étude, menée par Jeffrey Pfeffer sur 968 grandes entreprises américaines, laisse apparaître que le chiffre d'affaires, le profit et la valeur boursière par employé sont en moyenne supérieurs dans les entreprises qui investissent dans le management de leur capital humain.

Car manager les hommes, c'est fabriquer un avantage concurrentiel

Investir dans le développement du capital humain, c'est fabriquer un avantage compétitif surtout dans l'économie de l'information dans laquelle nous sommes entrés. En effet, l'intensité des efforts de recherche fait qu'il est de plus en plus difficile de protéger une innovation. L'avantage se créera souvent dans la rapidité de mise en marché et dans le service rendu au client. Autant d'éléments qui reposent sur les compétences, les « tours de main » des équipes.

Certains pourraient imaginer que compte tenu de la situation actuelle du marché du travail en Europe, il n'est point besoin de

© Éditions d'Organisation

veiller au développement des ressources de l'entreprise puisque l'on pourra « facilement » se pourvoir sur le marché. Il suffit de mettre la pression et de gérer les entrées et les sorties de collaborateurs.

Ceci me semble une grave erreur de raisonnement si l'on recherche une performance durable. D'abord, parce que les marchés se retournent en faveur des demandeurs d'emploi et ce durablement compte tenu des perspectives démographiques, ensuite, parce que la force d'une équipe c'est bien sûr les talents de chacun de ses membres et surtout la manière dont *ensemble* ils les mettent en œuvre, la manière dont ils sont *organisés*.

Les talents individuels sont substituables, mais la manière dont ils sont mis collectivement en œuvre demande des heures de mise au point, de travail et constitue, d'après moi, le vrai avantage compétitif d'une équipe, d'une entreprise.

Il est clair que les entreprises qui réussiront demain ne sont pas celles qui s'efforceront uniquement de recruter des gens talentueux pour reconfigurer et faire fonctionner des organisations obsolètes, mais celles qui sauront également mettre en place des organisations orientées vers le client facilitant et accompagnant le développement de leurs collaborateurs.

Bien que n'étant pas un spécialiste du football, j'ai le sentiment que l'équipe de France qui a gagné la Coupe du Monde en 1998 et la Coupe d'Europe en 2000 ne rassemblait pas tous les meilleurs talents français du football. Elle était composée de grands professionnels, qui sous la houlette d'un entraîneur ont construit progressivement un « fond de jeu », un savoir-faire collectif propre qui leur a permis de remporter ces deux prestigieuses compétitions.

Changer un joueur devient plus difficile, il ne suffit pas de le remplacer par un joueur d'égal talent, il faut aussi qu'il soit compatible avec l'organisation mise en place, qu'il joue pour l'équipe et non pour lui-même. Mais l'avantage concurrentiel ainsi créé devient plus complexe ou plus long à copier, ce qui me

© Éditions d'Organisation

semble être une situation recherchée par une entreprise qui souhaite gagner.

Manager les hommes, c'est accroître la pérennité de ses résultats

Nous venons de voir qu'en développant les compétences de vos collaborateurs et en organisant votre équipe, vous la dotiez d'un avantage compétitif. Vous accroissez aussi sa capacité d'adaptation, car plus de compétences donnent généralement une plus grande flexibilité et une plus grande réactivité.

Enfin, vos collaborateurs se sentant soutenu vont être plus concernés par le devenir de l'équipe, et certainement plus solidaires en cas de difficultés.

Manager les hommes, c'est contribuer à garantir le maintien de l'emploi

Si vous ne veillez pas en permanence à développer les compétences de vos collaborateurs et à les adapter aux conditions sans cesse renouvelées de la compétition économique, vous êtes responsable de la fragilisation progressive de leur emploi.

Sans vouloir cultiver le paradoxe, pour accroître ses performances, l'entreprise devrait garantir l'emploi. Il s'agit d'une sorte de nouveau contrat social où en échange de l'emploi garanti, les collaborateurs s'engageraient à être mobiles professionnellement, voire géographiquement, à se remettre en cause, à réapprendre un métier s'il le faut... Dans cette situation, le management ne se ferait pas par la crainte, mais par la confiance. Ce qui aurait pour conséquence d'avoir des équipes de collaborateurs concernés par le devenir de l'entreprise, solidaires de cette dernière et impliqués dans sa réussite.

Ceci n'est pas une utopie, vous connaissez certainement des firmes, souvent petites, qui fonctionnent sur ce mode.

© Éditions d'Organisation

Manager les hommes, des soucis...
mais quel plaisir !

Le développement et le management de votre capital humain, de votre équipe vous donne un véritable avantage compétitif, difficile à copier, qui contribue à l'atteinte de résultats durables et vous permet de faire face au changement. Autant d'arguments économiques ou techniques.

Mais, quand dans le regard d'un collaborateur, vous sentirez le respect prodigué à celui qui lui a permis de se développer, quand vous recevrez un coup de téléphone d'un ancien collaborateur qui vous demandera conseil, quand quittant votre service, au pot de départ, vous sentirez l'émotion d'une équipe qui a le sentiment de perdre quelqu'un de marquant... alors vous vous direz que les ennuis que vous avez eu, les conflits auxquels vous avez dû faire face, les arbitrages difficiles que vous avez dû rendre, le temps que vous avez consacré aux autres, le courage qui parfois a failli vous manquer, valaient les résultats obtenus et le plaisir profond ressenti à ces moments.

J'espère maintenant que vous êtes convaincu – si vous ne l'étiez pas déjà – de l'intérêt qu'il y a à gérer et développer votre équipe. Voyons maintenant de quoi il s'agit.

Qu'est-ce que manager une équipe ?

À la tête d'une entreprise, d'une organisation ou d'une équipe, nous manageons nos ressources humaines pour obtenir les résultats que le client, l'actionnaire, notre patron... attendent.

Pour atteindre un objectif de production, le contremaître doit manager ses opérateurs, pour atteindre un objectif de vente, le chef des ventes doit animer ses vendeurs, pour gagner la coupe du monde de football, l'entraîneur doit manager ses joueurs, pour se produire en concert, le chef d'orchestre doit diriger ses musiciens.

© Éditions d'Organisation

Rappelons que nous manageons nos collaborateurs avant tout pour atteindre les objectifs qui nous ont été fixés.

Manager une équipe c'est faire en sorte **d'avoir à un moment donné, les compétences requises, mobilisées afin d'obtenir le résultat attendu.**

Pour gagner une compétition, l'entraîneur d'une équipe de football a besoin d'avoir une vingtaine de joueurs (des gardiens de buts, des défenseurs, des milieux de terrain, des avants, autant de compétences requises). Ces derniers doivent être prêts et se mobiliser au moment de la compétition (et ne pas être les champions des matchs amicaux !)

Dans l'entreprise, le chef d'équipe – pour qui la compétition est quotidienne – a le même enjeu : comment avoir, au moment où il le faut, le quantum de compétences nécessaires pour atteindre les objectifs qui lui ont été fixés, réaliser le plan d'action sur lequel il s'est engagé.

Manager les hommes, manager l'équipe, c'est dans un environnement donné, piloter un processus d'allocation de ressources et comprendre, agir sur ce qui fait que les collaborateurs se mobilisent, s'impliquent dans leur travail.

D'abord gérer un processus d'allocation de ressources

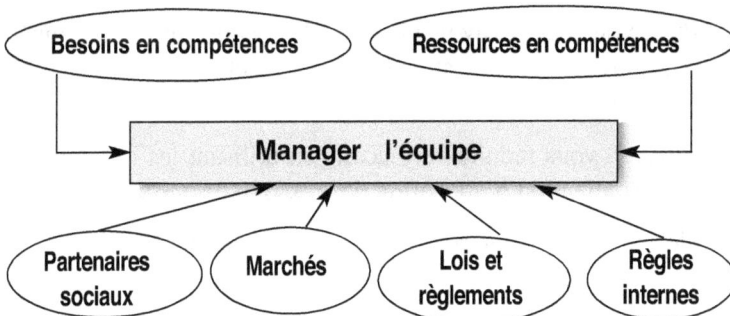

© Éditions d'Organisation

Le schéma ci-dessus illustre de manière simplifiée la préoccupation d'un chef d'équipe qui, sous contraintes, doit :

1° analyser la nature des compétences requises pour atteindre les objectifs qui lui sont fixés ;

2° connaître les compétences de ses collaborateurs ;

3° procéder aux allocations et ajustements permettant de disposer des compétences nécessaires à la réalisation de son plan d'action.

Pour manager votre équipe :

1° Il vous faut donc être capable de définir les compétences requises pour atteindre les objectifs qui vous ont été fixés.

Nous reviendrons sur le concept de compétence dans le chapitre 4. Retenons pour le moment que c'est la somme de plusieurs savoirs qui, utilisés en situation de travail, produisent de la valeur ajoutée. Il s'agit de savoirs théoriques comme la comptabilité, le droit, la mécanique, le dessin mais aussi de savoirs d'application comme les règles de fonctionnement d'un logiciel, des « tours de main », la façon d'utiliser une machine, des méthodes de travail...

2° Il vous faut connaître les compétences maîtrisées par l'équipe en place mais également celles qu'elle pourrait mobiliser.

3° Puis, vous devez savoir identifier les écarts entre les compétences requises pour atteindre vos objectifs et celles maîtrisées par vos collaborateurs actuels.

4° Ensuite, vous réduirez ces écarts en utilisant les instruments d'ajustement ou d'allocation des ressources que sont :

• le *recrutement* interne ou externe qui permet d'adjoindre à l'équipe de nouvelles compétences ;

© Éditions d'Organisation

- l'*organisation du travail*, l'allocation ou la réorganisation des tâches et des pouvoirs qui, combinée avec la formation permet souvent (et en tout cas plus souvent qu'il n'y est fait appel) de reconfigurer l'équipe sans adjonction extérieure, et donc d'optimiser vos ressources ;

- la *formation*, qui permet de donner aux collaborateurs en place certaines des compétences nouvelles requises par l'activité ;

- la *séparation*, les formes d'éviction de collaborateurs de l'équipe, par le biais d'une mutation dans un autre service ou par le départ de l'entreprise.

```
┌───────────────────────┐        ┌──────────────────────────┐
│ Besoins en compétences │        │ Ressources en compétences │
└───────────────────────┘        └──────────────────────────┘
         ┌──────────────────────────────────────┐
         │        ┌───────────────┐             │
         │        │  Recrutement  │             │
         │        └───────────────┘             │
         │        ┌───────────────┐             │
         │        │  Organisation │             │
         │        └───────────────┘             │
         │        ┌───────────────┐             │
         │        │   Formation   │             │
         │        └───────────────┘             │
         │        ┌───────────────┐             │
         │        │   Séparation  │             │
         │        └───────────────┘             │
         │                                       │
         │        Manager l'équipe               │
         │     pour obtenir un résultat          │
         └──────────────────────────────────────┘
```

Si le manager sait utiliser les instruments d'ajustement schématisés ci-dessus, il saura rassembler, au moment voulu, les compétences requises pour atteindre les objectifs qui lui ont été fixés.

Il aura réuni les conditions nécessaires à l'animation de son équipe, mais ce ne sera pas suffisant. Pour gagner dans la compétition actuelle, il faut des collaborateurs qui s'impliquent, se mobilisent sur les objectifs qui leur sont fixés.

© Éditions d'Organisation

14

Et veiller à faire se mobiliser les collaborateurs ... ou gérer la balance contribution / rétribution

Qu'est-ce qui fera qu'un de vos collaborateurs engagera un effort supplémentaire pour votre entreprise et parfois sans que vous lui demandiez ? Qu'est-ce qui fait que certains de vos collaborateurs ne vous semblent compter ni leur énergie, ni leur temps ?

Probablement ce que l'on a coutume d'appeler la conscience professionnelle, mais aussi le fait qu'ils se sentent « bien » dans leur poste, dans votre équipe ; certainement parce qu'ils se sentent concernés par le devenir de votre (leur !) équipe voire de votre (leur !) entreprise... bref qu'ils se sentent respectés au travail.

Chacun d'entre nous a dans sa tête une « balance ». Sur l'un de ses plateaux, il y a la contribution que nous apportons à l'entreprise, notre temps, notre énergie, notre intelligence, nos compétences, tandis que sur l'autre plateau, il y a la rétribution que nous donne l'entreprise, un salaire, bien sûr, mais aussi une identité sociale, une formation, une reconnaissance au travail, la sécurité de l'emploi...

```
┌─────────────────┐        ▲        ┌─────────────────┐
│  Contribution   │        │        │   Rétribution   │
└─────────────────┘        │        └─────────────────┘
```

Si la balance est équilibrée, c'est que nous avons le sentiment d'être *équitablement* rétribué pour la contribution qui est la nôtre, alors nous nous sentons bien au travail et nous pouvons nous impliquer, nous mobiliser plus encore.

Mais lorsque la balance est déséquilibrée et que nous avons le sentiment que nous en « faisons plus que l'on ne nous en donne » notre capacité à être mobilisé s'affaiblit jusqu'à être nulle.

Veiller à l'équilibre des « balances » de ses collaborateurs est le rôle de chaque manager. C'est la condition *sine qua non* de la

© Éditions d'Organisation

mobilisation de son équipe. Mais, pour deux raisons majeures, l'exercice est délicat :

1° Ce qui compte pour le collaborateur, ce n'est pas la réalité de l'équilibre de « sa » balance mais **la perception** qu'il en a. De surcroît, il fabrique cette dernière en comparaison avec d'autres.

En effet, comme vous, chacun de vos collaborateurs a un système de référence interne ou externe à l'entreprise.

À l'intérieur, il s'agit souvent de collègues faisant le même métier, occupant le même poste, mais il peut s'agir de collègues qui ont la même ancienneté, la même formation... À l'extérieur, ce sont des camarades d'écoles, des voisins, des membres de la famille...

C'est ainsi que vous pourrez estimer avoir équitablement traité un collaborateur en l'augmentant de x francs. La perception de ce dernier sera peut être complètement différente. Il ne s'agit pas pour autant de vous dire que vos décisions doivent être dictées par ce que vos collaborateurs en percevront, mais vous devez garder en tête que votre intention et sa perception peuvent être différentes.

2° Par nature, **chaque collaborateur a une balance qui lui est spécifique.** Chacun peut avoir une vision différente de sa contribution. Par exemple, pour certains collaborateurs, le travail a une place centrale dans leur vie, tandis que pour d'autres, c'est avant tout un moyen pour faire autre chose.

Cette spécificité existe également en matière de rétribution. Si, pour certains, l'augmentation de salaire ou l'attribution d'un bonus est la seule façon d'être récompensé, pour beaucoup, l'expression d'une reconnaissance, le sentiment de contribuer à « quelque chose », la perspective d'un développement professionnel... sont, parmi d'autres, autant d'éléments également rétribuants. Pour autant, chacun n'y sera pas

© Éditions d'Organisation

également sensible. Il conviendra que vous repériez les attentes spécifiques de chacun de vos collaborateurs.

Enfin, par nature, une balance est instable dans le temps et ce qui
a pu être fortement rétribuant à un moment donné, peut l'être
beaucoup moins plus tard.

Le chef d'équipe doit donc bien connaître l'état des « balances »
de chacun de ses collaborateurs. Analysons dons plus finement
les ingrédients posés sur les deux plateaux.

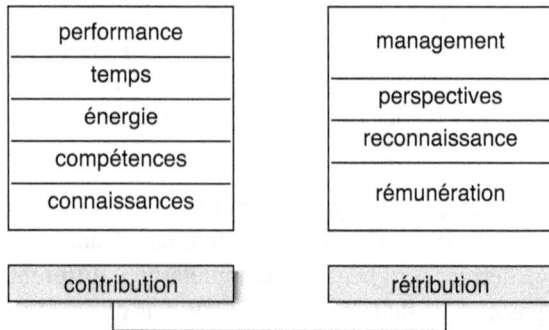

performance		management
temps		perspectives
énergie		reconnaissance
compétences		rémunération
connaissances		

contribution		rétribution

Le schéma ci-dessus indique que la contribution peut être
décomposée en cinq sous-ensembles : les connaissances, les
compétences, l'énergie déployée, le temps passé au travail et
enfin la performance.

Les rétributions peuvent être classées en quatre grandes catégories : la première est bien évidemment la rémunération qu'elle
soit immédiate (salaire) ou différée (complément de retraite,
actionnariat salarié…), la seconde est la reconnaissance et le
sens du travail effectué, la troisième les perspectives professionnelles et la quatrième la qualité du management.

• **La rétribution**

Il va de soi que la première rétribution à mobiliser est la *rétribution monétaire* sous forme d'un salaire versé tous les mois, de
bonus versé une fois par an ou de salaire différé comme des
compléments de retraite ou des *stocks options*.

© Éditions d'Organisation

Mais même dans l'entreprise, l'argent seul ne fait pas le bonheur !

L'écoute et le respect du point de vue du collaborateur, la connaissance de ce à quoi il contribue, l'attention que l'entreprise et que son patron attachent à ses conditions et à son environnement de travail, le sens qu'il peut donner à son activité professionnelle, bref la *reconnaissance* et l'image qui lui sont octroyées dans l'entreprise sont des éléments forts de rétribution.

La clarté des règles du jeu dans l'équipe, la transparence de l'information, du système d'évaluation, le soutien fourni par le responsable hiérarchique, l'ambiance de travail au sein de l'équipe... bref, la *qualité du management*, constituent clairement un troisième champ de rétribution. Chacun d'entre nous connaît au moins un chef d'équipe incapable de garder ses collaborateurs à cause de problèmes de management. Ces points seront évoqués plus loin dans le chapitre 3.

Être équitablement payé, respecté professionnellement, avoir un manager de qualité sont les trois premiers éléments d'un système de rétribution. Ils concernent l'instant présent ou le vécu quotidien tandis que le quatrième est orienté sur l'avenir du collaborateur.

Avoir des perspectives professionnelles, que ce soit une garantie de l'emploi dans certaines organisations souvent publiques ou des perspectives d'évolution dans une entreprise privée, pouvoir se perfectionner au travers de programmes de formation proposés par l'entreprise... sont autant d'éléments de nature à répondre à l'angoisse de l'avenir et au besoin de sécurité.

Les rétributions sont donc de nature différente. Elles ne sont pas substituables les unes aux autres, certaines peuvent exister dans telles entreprises et pas dans d'autres. Il va de soi, aujourd'hui, que la sécurité de l'emploi va se « payer » avec un salaire plus faible et réciproquement, une absence totale de perspectives professionnelles engendrera un niveau de rétribution monétaire plus élevé.

© Éditions d'Organisation

Le chef d'équipe doit se servir de s différentes formes de rétri-bution existantes dans son entreprise.

En effet, comme je l'ai déjà indiqué, les attentes des collabora-teurs ne sont pas homogènes.

Pour certains (à cause de leur âge ou pour des raisons liées à leur situation personnelle) la mise en place de complément retraite ne sera pas déterminante.

Pour d'autres, la possibilité de faire carrière dans l'entreprise n'aura aucun intérêt, tandis que d'aucuns seraient peut-être prêts à échanger une part de leur augmentation de salaire contre un bureau individuel ou un titre leur permettant d'avoir une belle carte de visite... N'oublions pas, néanmoins, que ces éléments jouent à la marge et que la rétribution monétaire et les perspec-tives professionnelles passent avant tout.

Nous reviendrons en détail sur la gestion de la rétribution dans le chapitre 5.

• La contribution

Les *connaissances* acquises à l'école ou par la pratique, qu'elles soient d'ordre technique ou relationnel, sont évidemment le pre-mier niveau de contribution.

Les *compétences*, les savoir-faire, c'est-à-dire la capacité à transformer ces connaissances en pratiques professionnelles et en résultats, mais aussi à trouver des solutions face à une situa-tion inédite ainsi que la capacité à entraîner les autres... consti-tuent le deuxième niveau.

Le *temps* consacré à l'équipe, à l'entreprise, que ce soit sur le lieu de travail ou non, est aussi une forme de contribution. Même si dans un monde post-taylorien, le temps passé au travail n'est plus le facteur essentiel de productivité, il n'en reste pas moins que tant qu'il sera mesuré par l'entreprise, le collaborateur le considérera comme une contribution.

© Éditions d'Organisation

Il n'est pas rare aujourd'hui de rencontrer des salariés qui, pour rééquilibrer leur balance contribution / rétribution, sont prêts à baisser leur nombre d'heures travaillées.

Enfin la *performance,* qui est l'élément essentiel de la contribution et qui pose le problème de son évaluation, sera évoquée dans le chapitre 4.

Comme pour la rétribution, les contributions attendues seront différentes eu égard aux fonctions exercées ou aux personnes qui les exercent. Le temps passé dans l'entreprise sera un élément déterminant pour un travail posté ou en contact direct avec la clientèle mais sera peut être secondaire pour un chercheur.

L'animateur d'une équipe doit donc connaître et évaluer en permanence les « balances » de chacun de ses collaborateurs :

Quelles sont les contributions attendues ? Sont-elles clairement perçues par mon collaborateur ? Quelles sont les rétributions souhaitées ? En quel état d'équilibre sont-elles ?

C'est à cette condition qu'il pourra faire en sorte que son équipe se mobilise ou soit mobilisée.

Il doit impérativement se souvenir qu'il n'y a pas de modèle unique et qu'il y a autant de « balances » à gérer qu'il a de collaborateurs. Pour y parvenir, il faut consacrer du temps à une vraie observation et à l'écoute des membres de l'équipe.

Manager son équipe, c'est donc gérer un processus d'allocation de compétences et veiller à optimiser la mobilisation des collaborateurs.

Cette activité est de l'entière responsabilité du chef d'équipe. La Direction des Ressources Humaines ne doit être là que pour aider le manager à accomplir cette tâche, à veiller à la mise en œuvre des politiques humaines de l'entreprise et au respect de l'équité.

© Éditions d'Organisation

L'environnement du management des hommes

Le management des hommes s'exerce dans un environnement spécifique.

La loi et les textes conventionnels
Par un ensemble de textes, les pouvoirs publics (le citoyen) protègent le salarié vis-à-vis d'excès que l'employeur pourrait commettre.

Les représentants du personnel
Les salariés ont des formes de représentation collective qui varient en fonction des pays. Elles ont pour objectif de protéger le salarié contre les abus éventuels de l'employeur.

En France, où la législation sociale est très développée, en fonction de la taille de l'entreprise, il peut exister des délégués du personnel, un comité d'entreprise, un comité central d'entreprise, un comité de groupe, un comité européen.

Le marché de l'emploi
Si l'offre de l'entreprise en terme de rémunération, de perspectives, de conditions et de nature du travail est trop en décalage avec le marché et les attentes de ses salariés, ces derniers seront attirés par l'extérieur.

Aujourd'hui, avec un marché plus porteur pour les demandeurs d'emploi, cette assertion semble plus évidente.

Mais, même lors de ces dernières années lorsque la demande de travail était globalement largement supérieure à l'offre, le marché du travail devait être intégré dans une bonne pratique du management des ressources humaines car :

* il ne faut pas considérer le marché du travail comme un ensemble homogène. Il y a plusieurs marchés et certains sont toujours restés très tendus.

© Éditions d'Organisation

En tout temps il a été difficile de trouver et de garder un bon vendeur, un ingénieur en R&D.

• de plus, un collaborateur qui se sent inéquitablement traité par rapport au marché, voit son niveau de motivation baisser... surtout s'il n'a pas la possibilité de quitter l'entreprise. Dès lors, sa seule ressource est de réajuster son niveau de contribution à celui de sa rétribution – telle qu'il la perçoit – donc « d'en faire moins » sans pour autant que cela se voit !

Les règles internes de gestion des ressources humaines
Ceci vaut pour les moyennes ou grandes entreprises qui, pour garantir leur unité, élaborent des règles de gestion des hommes et négocient des accords particuliers avec leurs représentants du personnel pouvant porter sur le recrutement, les mécanismes de rémunération, l'emploi, le temps et les conditions de travail, la mobilité professionnelle, la formation... Elles sont, en général, élaborées et contrôlées par la Direction des Ressources Humaines et, dans le cas d'accords, négociées en liaison avec les partenaires sociaux de l'entreprise.

Le décor est maintenant planté, avec vos valeurs personnelles, vous avez (ou vous allez) animer une équipe. Les pages qui suivent ont pour objectifs de décomposer tous les actes élémentaires du management des hommes au quotidien :

• *le chapitre 2 sera consacré au recrutement ;*

• *le chapitre 3 est dédié à l'animation, l'organisation de l'équipe et la gestion du changement ;*

• *le chapitre 4 porte sur l'évaluation des performances, des compétences de vos collaborateurs au travers de l'entretien d'appréciation ;*

• *le chapitre 5 traite de la rétribution et des rémunérations ;*

© Éditions d'Organisation

- *le chapitre 6 s'intéresse au développement des compétences des collaborateurs au travers de la formation et de la gestion de carrière ;*

- *le chapitre 7 traite des problèmes liés à la séparation d'avec un membre de l'équipe ;*

- *le chapitre 8 est consacré à l'information de vos collaborateurs ;*

- *le chapitre 9 est une série de recommandations pour vous aider à mettre en œuvre les idées traitées dans l'ouvrage. Il vous donnera des clés pour dialoguer avec votre DRH ou ses représentants.*

- *Le chapitre 10 donne un éclairage sur les grandes évolutions à attendre en matière de gestion des hommes.*

Au-delà de cette lecture, c'est votre engagement personnel, votre exemplarité et le temps que vous consacrerez à l'animation de votre équipe qui feront de vous un manager de talent.

© Éditions d'Organisation

FAISONS
LE **POINT**

- *Pourquoi gérer les hommes ? Pour fabriquer des résultats durables !*

- *Manager une équipe c'est avoir en son sein les compétences requises, mobilisées, au moment voulu.*

- *À partir de l'identification des compétences requises et de la connaissance de nos ressources en compétences, la gestion des hommes est d'abord un processus d'ajustement besoins / ressources.*

- *Le recrutement interne et externe, la formation, l'organisation du travail, la séparation sont les quatre instruments de base de cet ajustement.*

- *Ce dernier s'effectue dans un contexte spécifique constitué de la loi et des réglementations, des représentants du personnel, du marché du travail, et des règles internes à une entreprise.*

- *Un collaborateur mobilisé ou capable de se mobiliser est un collaborateur qui se sent équitablement traité.*

- *C'est-à-dire qu'il perçoit « sa balance » contribution / rétribution comme équilibrée.*

- *Une équipe mobilisable est une équipe où le responsable prend le temps d'écouter ses collaborateurs et ainsi d'acquérir une bonne connaissance de leurs « balances ».*

© Éditions d'Organisation

MES CONSEILS

⇨ *Prenez le temps nécessaire à la connaissance de chacun des membres de votre équipe.*

   • *Sachez quelles sont leurs compétences, y compris celles qu'ils n'utilisent pas aujourd'hui.*

   • *Sachez quels sont les éléments de rétribution qui les motivent le plus.*

⇨ *Souvenez-vous qu'il y a autant de façon de manager que vous avez de collaborateurs ! Comme vos clients, ces derniers attendent un traitement individualisé.*

© Éditions d'Organisation

CHAPITRE 2

Intégrer un collaborateur dans l'équipe, recruter

Recruter un nouveau collaborateur dans une équipe, c'est faire une greffe ! La réussite tient bien sûr à la qualité du greffon mais aussi, et peut-être surtout, à la manière dont la greffe a été opérée... Il en va ainsi pour l'arrivée d'un nouveau collaborateur. Trop souvent, toute l'énergie et l'attention sont concentrées sur la phase de recherche et de choix du meilleur candidat possible, tandis que la phase d'intégration est négligée... aboutissant ainsi à l'échec du recrutement, au rejet du greffon.

© Éditions d'Organisation

Les analyses préalables au recrutement

La démission d'un collaborateur, son départ pour un autre secteur de l'entreprise et l'accroissement durable de l'activité sont
les causes les plus fréquentes d'un recrutement.

Le premier réflexe, surtout dans le cas du départ d'un collaborateur, est de le remplacer tout de suite et à l'identique. Céder à
cette tentation c'est s'exposer à faire une erreur de recrutement.

Sauf dans les secteurs en forte croissance, avoir la possibilité
d'opérer un recrutement est une occasion unique – et souvent
rare ! – d'ajuster avec le maximum d'efficacité ressources et
besoins en compétences.

En effet, l'appel à l'extérieur doit permettre d'intégrer des collaborateurs dont le profil correspond précisément aux besoins
actuels ou futurs de l'équipe.

**Il convient donc de prendre le temps de faire une analyse de
la situation** et non de rechercher à « boucher au plus vite un
trou » dans l'organigramme.

- Quelles sont les compétences dont on a besoin pour réaliser
  nos missions, atteindre nos objectifs ?

- En quoi les collaborateurs en place les couvrent-elles ?

- Une réorganisation des tâches (à effectif constant ou non) au
  sein de l'équipe permet-elle de faire face ?

- S'il s'agit d'accroissement de l'activité, ce dernier est-il durable ?

- En conséquence, doit-on rechercher un contrat à durée indé-
  terminée ou un contrat à durée déterminée ou faire appel à
  l'intérim ?

- Peut-on trouver une solution d'externalisation ou de sous-traitance donnant des garanties analogues de qualité pour un
  meilleur coût ?

© Éditions d'Organisation

Autant de questions qui ont pour objectifs de faire un bilan des compétences maîtrisées par l'équipe, de les rapprocher des compétences requises aujourd'hui et demain par l'activité et le plan d'action, afin d'en déduire le déficit de compétences et d'examiner les voies et moyens pour le combler.

Le recrutement d'un collaborateur n'est qu'une des solutions possibles. Réorganiser l'équipe, muter un collaborateur au sein de l'équipe, sous-traiter le travail, faire appel à l'intérim... sont autant de pistes qui répondront peut-être au déficit constaté de compétences.

Si ces analyses aboutissent à confirmer la nécessité d'un recrutement, il convient alors d'en élaborer le cahier des charges, à savoir écrire la définition de fonction ou la description de poste.

De la définition de fonction au profil de recrutement

La définition de fonction décrit le type de compétences qui seront recherchées et la manière dont elles devront être mises en œuvre. Elle détaille la mission, les tâches... bref, la nature du travail et de la contribution attendue aux résultats de l'équipe.

Elle s'attache à décrire la *réalité des choses* et non l'idée que l'on s'en fait. Beaucoup de patrons d'équipes connaissent mal la réalité du travail de leurs collaborateurs. Ils s'en font une idée théorique ou fondée sur des observations faites à la volée dans le bureau ou l'atelier. Il convient donc de prendre le temps de connaître la réalité du travail de chacun de vos collaborateurs immédiats.

Ceci vous aidera à mieux définir et évaluer leurs fonctions, mais aussi vous évitera d'imaginer une « réorganisation » déjà mise en œuvre sans même que vous en ayez pris conscience.

Vous viendrait-il à l'idée d'acheter un ordinateur ou un logiciel important sans définir avant ce que vous en attendez, sans faire un cahier des charges ?

© Éditions d'Organisation

En matière de gestion des ressources humaines, faire une mauvaise définition de fonction (ou ne pas en faire !) pourrait être comparée à faire un mauvais cahier des charges dans le monde informatique. Dans ce cas, le matériel ou les logiciels achetés ne correspondront pas ou peu aux besoins de l'entreprise en matière de traitement de l'information.

Prenons donc du temps pour bien définir nos besoins en compétences, faute de quoi la réussite de notre recrutement sera aléatoire.

Une définition de fonction complète comprend le plus souvent les rubriques suivantes :

Mission ou raison d'être du poste
Il s'agit de définir brièvement la finalité du poste ou plus simplement à quoi sert ce poste et ce qui est attendu de son titulaire (voir l'exemple donné ci-après).

Position dans la structure et interlocuteurs
La position du poste dans l'équipe et son organisation sont précisées : à qui est-il rattaché ? qui lui est rattaché ? avec quels services des coopérations transversales doivent-elles s'établir ?

Cette rubrique permet également de définir qui sont les interlocuteurs du titulaire du poste tant à l'extérieur qu'à l'intérieur de l'entreprise.

Elle peut indiquer la nature de leurs relations (par exemple : transmission ou collecte d'information, négociation...).

Activités
L'activité est un ensemble cohérent de tâches dont le résultat est observable. Pour remplir sa mission, le titulaire du poste doit mener à bien l'ensemble des activités décrites.

Pour exprimer les activités, il est souvent plus facile d'utiliser des verbes d'actions comme animer, gérer, garantir, établir, pilo-

© Éditions d'Organisation

ter, conseiller... suivis d'un complément d'objet et d'un contexte d'utilisation (voir *infra* l'exemple de définition simplifiée de poste).

L'expérience prouve que le recensement et la description des activités d'un poste aboutissent toujours à une liste impressionnante. Il convient alors de les classer par ordre d'importance (par exemple : essentielle, importante, utile) et d'affecter à chacune de ces activités un pourcentage de temps qui devrait lui être consacré. Cet exercice permet de faire apparaître des priorités et donc de définir les activités essentielles et par voie de conséquence, les compétences recherchées en premier lieu.

Autonomie
C'est-à-dire la marge de manœuvre dont dispose le titulaire du poste : reporting fréquent ou large délégation.

Critères de performances et compétences attendues
Il convient ici de définir la nature de la performance attendue ainsi que ses critères d'évaluation.

Quant aux compétences requises pour engendrer la performance attendue, elles sont souvent classées en trois catégories :

- compétences techniques liées à un « métier » ;

- compétences relationnelles (travail en équipe, écoute, communication…) ;

- compétences de management (qu'il s'agisse de management traditionnel ou de conduite de projet), puis elles sont évaluées sur plusieurs niveaux comme le montre le tableau suivant.

© Éditions d'Organisation

Tableau d'analyse des compétences requises pour un poste

	Compétence déterminante	Compétence nécessaire	Compétence utile	Compétence souhaitable
Compétences techniques CT1 CT2 CT3 CTx				
Compétences relationnelles CR1 CR2 CR3 CRx				
Compétences managériales CM1 CM2 CM3 CMx				

Moyens mis à disposition
Le budget généralement alloué, le type d'assistance ou de moyens matériels ou bureautiques sont précisés dans cette rubrique.

Un formulaire de définition de fonction ou de poste reprenant l'essentiel de ces rubriques existe généralement dans les entreprises. Si tel est le cas dans votre entreprise, utilisez-le, sinon écrivez sur une feuille blanche la définition du poste à pourvoir dans votre équipe en vous inspirant des points sus-mentionnés.

Contrairement à ce que beaucoup de responsables d'équipes pensent, **ce n'est pas une perte de temps !**

© Éditions d'Organisation

S'arrêter quelques dizaines de minutes pour définir ou redéfinir les besoins en compétences de votre équipe pour aboutir à un cahier des charges pertinent des compétences à pourvoir est la condition nécessaire à un bon recrutement.

Définir le poste, analyser le travail est avant tout **de votre responsabilité de manager** même si vous pouvez vous faire aider par la DRH ou par un consultant en recrutement.

Exemple simplifié de définition de poste

Intitulé : Responsable des services comptables

Mission :

Assurer l'intégrité et la fiabilité des comptes de l'entreprise dans le respect des règles comptables et fiscales de l'entreprise et de la législation.

Produire les documents et résultats comptables et fiscaux dans le respect des échéances.

Position dans la structure et interlocuteurs

Ce poste est rattaché au directeur financier.

Les équipes comptables sont rattachées au poste :

comptabilité clients : un responsable, trois collaborateurs

comptabilité fournisseurs : un responsable, deux collaborateurs

trésorerie : deux collaborateurs

Les relations fonctionnelles s'établissent avec :

les autres services de la direction financière

les autres directions de l'entreprise

l'administration fiscale

les banquiers

les commissaires aux comptes

Activités

Produire les résultats comptables et financiers et les mettre à la disposition des différents services utilisateurs

• organiser et coordonner les différents intervenants

• contrôler et valider les écritures

Participer à la maîtrise des coûts et attirer l'attention sur l'évolution des dépenses en nature et en montant.

Prévoir et gérer les évolutions du système d'information comptable.

Proposer et mettre en œuvre les procédures ou organisations visant à rendre fiable et simplifier la gestion comptable.

Animer son équipe

• recruter ses collaborateurs (avis du directeur financier)

• assurer leur formation

• veiller à les responsabiliser et à les rendre autonomes dans leurs missions.

Critères de performances

Respect des délais

Fiabilité, régularité de la production des ratios financiers

Rapport des auditeurs internes ou externes

Confidentialité

Comportement de l'équipe en cohérence avec les valeurs de l'entreprise.

© Éditions d'Organisation

Du profil de recrutement à l'approvisionnement en candidatures

La définition de fonction décrit le travail, les performances attendues et les compétences requises pour y parvenir. Elle ne décrit pas la personne recherchée.

Le profil de recrutement traduit les éléments de description d'un poste en caractéristiques d'une personne recherchée.

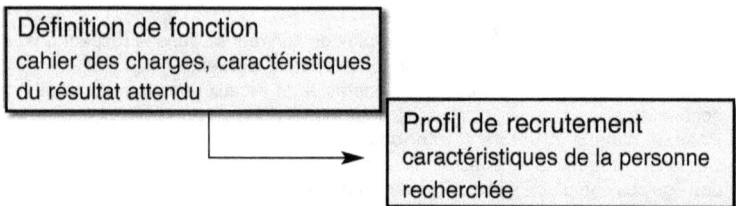

Définition de fonction
cahier des charges, caractéristiques
du résultat attendu

Profil de recrutement
caractéristiques de la personne
recherchée

Il servira de référent pour analyser les différentes candidatures qui seront reçues. Il vous permettra notamment de « garder la tête froide » lorsque vous recevrez les candidats dans la phase finale du recrutement.

À partir des compétences requises par la définition de fonction, le profil de recrutement décrira et pondérera la formation initiale, les connaissances, la nature de l'expérience, l'âge, le profil de personnalité du candidat idéal recherché.

Il est important de bien opérer un classement du type « indispensable – souhaitable – utile », faute de quoi la probabilité est grande de mettre toutes les caractéristiques dans la première colonne et donc de courir deux risques :

- celui de rechercher un « mouton à cinq pattes », par définition difficile à trouver ou alors très cher ;

- mais surtout celui de céder à l'adage « qui peut le plus peut le moins » et donc de recruter un collaborateur qui ne pourra pas mettre en œuvre l'essentiel de ses compétences dans le poste

© Éditions d'Organisation

que vous lui avez proposé. Ceci aura pour conséquence d'engendrer chez lui une frustration et donc un risque de démotivation voire de démission.

Exemple d'un profil de recrutement
secrétaire assistante dans le service juridique
d'une société internationale

Profil de recrutement	Indispensable	Souhaitable	Utile
Age		moins de 40 ans	
Formation	BTS secrétariat	études juridiques (licence)	
Expérience	secrétariat de direction ou assistante cabinet juridique direction juridique	cabinet juridique international	relations avec « lawyers » anglo-saxon
Langues	anglais		espagnol
Personnalité	capacité d'autonomie organisation diplomatie	grande disponibilité	esprit de synthèse

Rappelons que la définition de fonction et le profil de recrutement doivent être établis sous *votre responsabilité*. En effet, seul le responsable de l'équipe est capable de définir ce qu'il attend, fondé sur sa connaissance des besoins et de la réalité de son équipe actuelle.

Il peut néanmoins se faire aider par le service de recrutement de la Direction des Ressources Humaines ou par le consultant qui mènera le recrutement.

© Éditions d'Organisation

Recrutement interne ou recrutement externe ?

Une fois le besoin défini, se pose la question de recruter en interne par le biais de la mobilité ou de recruter sur le marché du travail.

Le recrutement interne présente plusieurs avantages :

- il est en principe plus fiable, dans la mesure où l'on connaît le candidat puisque ce dernier est déjà dans l'entreprise et que ses talents ont pu être évalués, ses résultats mesurés ;

- il est également moins coûteux puisqu'aucune dépense de recherche externe ne sera engagée ;

- il peut être plus rapide dans la mesure où la décision de mutation appartient totalement à l'entreprise ;

- enfin et surtout, il est motivant pour les collaborateurs qui se voient offrir des possibilités d'évolution au sein de leur entreprise.

De plus, c'est pour l'entreprise le seul moyen pour préparer en son sein ses futurs responsables en les faisant passer dans différentes fonctions (production/commerce/finance…, opérationnel/fonctionnel).

Il présente cependant quelques inconvénients :

- il est difficile à mener s'il n'y a pas un minimum de gestion de carrière préparant les collaborateurs à assumer de nouvelles fonctions ;

- l'arbitrage entre le secteur cédant et le secteur d'accueil n'est pas facile à opérer dans la mesure où les mutations concernent essentiellement des collaborateurs de qualité… donc dont personne ne veut se séparer !

© Éditions d'Organisation

- il a ses limites dans le temps, car l'absence d'apport de « sang neuf » dans l'entreprise ou dans l'équipe réduit son potentiel d'innovation et sa capacité à rester ouverte sur l'extérieure et à se remettre en cause.

Le recrutement externe présente les avantages et inconvénients symétriquement opposés au recrutement interne. Il doit être l'occasion de renforcer le potentiel de l'équipe, d'amener un œil neuf pour remettre en cause les façons de faire, d'introduire de nouvelles méthodes de travail...

C'est aussi la seule façon de faire évoluer la pyramide des âges d'une entreprise.

Mais il présente également des risques :

- au niveau de l'intégration, le nouvel arrivant étant par définition complètement étranger à votre culture d'entreprise ou d'équipe ;

- quant à la fiabilité du choix car il est difficile, même en utilisant les meilleures méthodes de recrutement, de bien connaître une personne venant de l'extérieur.

De plus, un appel excessif au recrutement externe aura un effet démobilisateur sur les collaborateurs en place qui verront leurs possibilités d'évolution disparaître au profit des nouveaux arrivants.

Choisir entre recrutement interne et recrutement externe est affaire de possibilité et d'opportunité.

Dans beaucoup d'entreprises en recherche d'accroissement de leur rentabilité ou en redéploiement (incluant par exemple des fermetures de sites) ou en période post fusion, le recrutement externe est limité en volume et étroitement contrôlé. Soucieuses de préserver l'emploi, elles privilégient la mobilité interne accompagnée ou non de formation. Dès lors, en tant que chef d'équipe dans une telle entreprise, vos possibilités d'appel au

© Éditions d'Organisation

marché externe seront limitées et vous aurez intérêt à jouer le jeu de la mobilité interne et donc :

- à ne pas perdre votre temps à expliquer que votre service est à ce point spécifique que seul le recrutement externe permet de couvrir vos besoins ;

- à repérer de quels autres services pourraient venir vos futurs collaborateurs ;

- à examiner authentiquement toute candidature interne qui pourrait vous être soumise.

En tout état de cause, privilégier l'interne semble une bonne politique car elle est de nature à motiver les collaborateurs actuels. L'appel à l'extérieur est évident en cas d'accroissement d'activité mais assez souvent utilisé pour s'adjoindre une expertise pointue ou pour préparer l'avenir dans un souci de gestion de la pyramide des âges.

L'appel à l'extérieur est aussi souvent utilisé trop vite, un peu par facilité. Si l'entreprise ne donne pas la peine de faire l'inventaire de ses ressources et si elle considère que l'herbe est toujours plus verte à l'extérieure, elle se met alors en grand risque de démotiver un grand nombre de ses collaborateurs.

Définir la fonction, élaborer le profil de recrutement, faire le choix (si vous en avez la possibilité) entre le recrutement interne ou externe relève de la responsabilité du chef d'équipe.

Les étapes ultérieures du recrutement que nous allons maintenant décrire doivent être déléguées aux spécialistes, jusqu'au choix du candidat final qui, à nouveau, doit vous revenir.

Mais avant de lancer la procédure de recrutement, vous allez organiser une réunion de votre équipe ou profiter d'une de vos réunions de service pour annoncer le recrutement. Il est en effet toujours désagréable d'apprendre par la lecture d'annonces dans la presse ou dans le système interne d'affichage des postes à

© Éditions d'Organisation

pourvoir qu'un nouveau collègue va arriver. Vous pouvez d'ailleurs vous servir de la définition de fonction comme support d'information !

De l'approvisionnement en candidatures au choix final

À partir du profil de recrutement, une procédure de collecte de *curriculum vitae* va être mise en place, le plus souvent par votre DRH ou par le consultant que vous aurez choisi.

Si la recherche est menée sur le marché externe, les sources suivantes pourront être mobilisées :

• les candidatures spontanées, à savoir les CV qui ont été spontanément adressés à votre entreprise. C'est bien sûr la première source qui doit être exploitée. Mais leur nombre et leur pertinence dépendent de la notoriété de votre entreprise et/ou de l'état du marché de l'emploi dans votre région ;

• le « bouche à oreille » ou les relations ;

• l'utilisation d'un « web » consacré au recrutement ou d'un espace dédié dans le site de votre entreprise ;

• l'ANPE ou l'APEC qui pourront vous fournir des dossiers de qualité correspondant à vos attentes ;

• les associations d'anciens élèves auprès de qui vous pouvez trouver des fichiers utiles ;

• une annonce dans la presse grand public ou professionnelle ;

• l'appel à un « chasseur de tête » ou consultant en approche directe.

Le choix de la source utilisée dépendra du profil recherché, du délai du recrutement et du budget alloué. Les candidatures spon-

© Éditions d'Organisation

tanées « ne coûtent rien » mais ne sont pas ciblées. À l'opposé, l'utilisation d'un « chasseur de tête » permet d'atteindre des « cibles » précises et rares, mais les honoraires du consultant sont d'environ 30% du salaire annuel de la personne que vous allez embaucher. L'internet une fois mis en ligne est le champion du coût et surtout de la rapidité.

Dans le cas d'une recherche de candidatures à l'intérieur de l'entreprise, le moyen d'identification le plus souvent pratiqué est le réseau relationnel. Vous avez dans une réunion repéré tel ou tel, votre collègue du service voisin avec qui vous travaillez depuis plusieurs années vous a suggéré un nom... Sous réserve de prendre du recul par rapport aux commentaires des uns et des autres sur les uns et les autres, cette source peut être valablement utilisée.

Mais les candidatures internes peuvent être repérées par d'autres moyens :

• les bourses d'emploi ou systèmes d'annonces internes sur supports papier ou électronique ;

• les comités de mobilité ou de gestion de carrière qui, dans certaines entreprises, identifient les collaborateurs qui souhaitent ou doivent changer de fonction ;

• la Direction des Ressources Humaines, dont une des missions est de suivre le développement professionnel des salariés.

La première sélection

Dans le cadre d'une recherche externe, plusieurs CV seront reçus et examinés par la DRH ou par votre consultant. Ils seront triés en les comparant au profil de recrutement.

Ceux qui recèleront les critères indispensables (voir *supra*) seront retenus. Les candidats seront alors engagés dans un processus de sélection qui retiendra deux ou trois « finalistes ».

© Éditions d'Organisation

Les étapes de ce processus peuvent être :

• des entretiens collectifs permettant de présenter l'entreprise et le poste à un ensemble de candidats, puis à en retenir un certain nombre sur la base de leur comportement en groupe, de leur curiosité exprimée au travers des questions posées... ;

• des entretiens individuels avec des spécialistes du recrutement qui analyseront plus avant les compétences du candidat, sa personnalité, ses motivations, son projet, pour les mettre en perspective avec ce qui est requis pour le poste à pourvoir mais aussi, à plus long terme, pour une évolution dans l'entreprise ;

• éventuellement pour certains postes, des tests qui chercheront à évaluer des capacités ou des aptitudes ;

• de plus en plus souvent, des « centres d'évaluation » ou « *assessment centre* », où une sorte de simulation de la situation de travail permet de mesurer de manière un peu plus fiable les compétences relationnelles et les comportements des candidats ;

• et enfin, parfois, une analyse graphologique.

Dans le cas d'une recherche interne, l'usage le plus répandu est l'entretien avec des spécialistes du recrutement sachant que certaines entreprises y ajoutent des tests voire des « centres d'évaluation ».

Du choix final à l'intégration

Ce choix vous revient

Sur la base du dossier qui vous sera transmis par la DRH ou par le consultant externe, vous allez devoir choisir votre futur collaborateur.

© Éditions d'Organisation

Une première règle est d'avoir vraiment le choix, à savoir de vous voir présenter deux ou trois candidats. Ceci n'est pas toujours simple en cas de mutation interne mais doit être une règle d'or en cas de recrutement externe.

Vous devez exiger de votre DRH ou de votre consultant qu'il vous présente deux ou trois candidats.

Avant de les recevoir, vous allez étudier les dossiers qui vous ont été transmis et qui comprennent généralement le CV, les comptes rendus d'entretiens et de tests.

L'entretien de recrutement

Préparez vos entretiens en fonction des dossiers que vous venez de lire en vous référant au profil de recrutement et à la définition de poste.

En principe, le processus de recrutement au travers duquel les candidats finalistes viennent de passer garantit qu'ils correspondent aux critères arrêtés a priori.

Votre objectif essentiel, au cours de l'entretien, est donc d'évaluer la capacité du candidat à s'intégrer dans votre équipe. Personne ne connaît en effet mieux que vous le contenu réel du poste, son environnement et les autres membres de l'équipe.

Enfin, vous devrez vous convaincre que vous pourrez, au quotidien, travailler avec ce futur collaborateur.

Vous allez donc mener un entretien d'environ une heure, où vous serez vous-même. Evitez de vous comportez en « psy » amateur ou en examinateur de concours !

Après avoir accueilli le candidat, vous fixerez les règles du jeu de l'entretien. Plusieurs modalités sont possibles mais la séquence suivante est la plus classique :

© Éditions d'Organisation

- vous vous présentez ;

- vous faites une présentation complémentaire de votre équipe, du poste, de son environnement, des missions, du mode d'évaluation et vous répondez aux questions du candidat sur ces thèmes ;

- vous questionnez le candidat sur son projet, ses motivations ;

- vous essayez de comprendre comment s'est construit son parcours professionnel ;

- vous invitez le candidat à vous poser toute question complémentaire qu'il souhaiterait ;

- vous finissez de définir ses conditions de rémunération sachant que ce sujet a dû déjà être abordé au cours du processus de sélection préalable ;

- vous concluez en lui indiquant clairement quelle sera la prochaine étape et dans quel délai.

Tout au long de l'entretien, vous restez disponible (pas de téléphone), à l'écoute, voire à l'aide du candidat. Il ne sert en effet à rien d'abuser d'une situation de pouvoir pour évaluer les compétences d'un éventuel futur collaborateur. De même, il est inutile de raconter sa vie pour se présenter. Lors de l'entretien, le temps de parole doit être à peu près équilibré entre les deux parties. Enfin, n'oubliez pas que le candidat a peut-être le choix entre plusieurs possibilités, vous devez donc lui donner envie de travailler avec vous, dans votre équipe.

Sur quelle base choisir ?

À l'issue de chaque entretien, vous allez consigner des notes en vous référant au profil de recrutement, en vous remémorant les critères que vous aviez jugés indispensables, souhaitables ou simplement utiles. Puis, vous classerez vos candidats par ordre décroissant de « couverture » de ces critères.

© Éditions d'Organisation

Ne vous laissez pas impressionner par des diplômes, par une performance verbale, ne vous laissez pas attendrir ou séduire par quelqu'un qui aurait fait les mêmes études que vous, qui serait originaire de la même région, qui aurait les mêmes passions que les vôtres… référez-vous à votre cahier des charges.

Ce n'est qu'au cas où les caractéristiques du candidat couvrent parfaitement ou quasi parfaitement celles du cahier des charges que vous devrez faire jouer vos « envies » pour faire la différence.

Mais avant de prendre votre décision, dialoguez avec tous ceux qui ont été acteurs dans le processus de recrutement (le DRH, le consultant...). Vous constaterez que, si le profil de recrutement a été bien fait, vous serez rapidement d'accord. Cependant, s'il y a la moindre hésitation sur un des aspects d'une candidature, renoncez à cette dernière ! L'expérience prouve que ceci est en effet annonciateur de problèmes qui se révéleront inévitablement plus tard.

Enfin, même si vous vous entourez de conseils, c'est votre décision. Aussi, ne vous laissez pas influencer outre mesure par le DRH, le responsable du recrutement ou le consultant. Imaginez que vous leur refusiez les trois candidats qu'ils vous ont présentés, ils ont alors à recommencer une partie de la procédure de recherche que nous venons de décrire. Triste perspective qui pourrait pousser certain d'entre eux à essayer de vous « vendre » à tout prix l'un des candidats repérés. À cet égard, ils ne manquent pas de talent, car un bon recruteur doit être un bon « acheteur » mais aussi un bon « vendeur », il doit convaincre des candidats de s'intéresser à votre poste, mais aussi vous convaincre de vous intéresser aux candidats qu'il vous a présélectionnés.

En cas de recrutement dans votre équipe par le biais de la mobilité interne, votre marge de manœuvre en terme de choix est plus étroite voire nulle. Cherchez néanmoins à vous en créer une en anticipant vos besoins. Si vous avez un peu de temps devant vous, alors vous pouvez refuser quelques candidatures dans l'attente d'un profil plus proche de vos attentes ou utiliser ce temps

© Éditions d'Organisation

pour un programme de formation d'un futur collaborateur qui n'aurait pas exactement toutes les compétences requises pour le poste à pourvoir.

Comment réussir une intégration ?

Vous avez avec beaucoup de soins et d'attention choisi le greffon... il va falloir maintenant procéder à la greffe. Un grand nombre de départs sont dus à une mauvaise intégration, aussi convient-il de consacrer plus de temps à cette phase qu'à celles de la recherche et du choix du candidat que nous venons de décrire.

Un processus d'intégration doit être mis en place pour des candidats venant de l'extérieur de l'entreprise mais aussi pour ceux qui viennent de l'entreprise. Certes, ces derniers en ont déjà une connaissance, mais ils ignorent tout de votre équipe et de son mode de fonctionnement.

Avant l'arrivée du nouveau collaborateur

Vous aviez informé votre équipe de votre décision de recruter. Vous lui devez maintenant une information sur qui va les rejoindre et quand.

Au cours d'une réunion *ad hoc* ou d'une réunion de service, vous donnez la date d'arrivée du nouveau collaborateur, vous décrivez son profil et vous rappelez ses missions, attributions et leurs articulations avec le reste de l'équipe.

Vous veillez particulièrement à l'information des futurs collaborateurs du nouvel arrivant.

Vous préparez son programme d'intégration comprenant des rencontres avec tous ses futurs interlocuteurs (repérés dans la définition de fonction), un éventuel programme de formation ou d'apprentissage du poste, des rencontres avec vous et pourquoi pas un pot ou un déjeuner d'accueil avec toute l'équipe !

© Éditions d'Organisation

À l'arrivée du nouveau collaborateur

Vous vous investissez personnellement dans son accueil le jour, voire l'heure de son arrivée. Vous le recevez pour :

• lui souhaiter la bienvenue,

• lui présenter son programme d'intégration,

• lui indiquer sur quels critères, à quel rythme et sous quelle forme vous allez évaluer la qualité de son intégration,

• l'informer sur la vie quotidienne dans votre service de manière à ce qu'il se sente le plus vite possible à l'aise par rapport à vos habitudes et rites,

• lui donner vous-même, ou veiller à ce que la DRH lui donne, toutes les informations nécessaires sur la vie dans l'entreprise (repas, horaires, services sociaux...) souvent contenues dans un livret d'accueil,

• fixer, avec lui, le programme de vos prochaines rencontres.

Pendant la période d'intégration

Selon le programme et les critères que vous aviez établis, vous faites le point régulièrement avec le nouveau collaborateur. Si des objectifs d'intégration n'ont pas été atteints, vous n'hésitez pas à le lui dire et à en analyser avec lui les raisons pour définir le plan d'action correctif.

Vous vous mettez en situation de soutien mais vous restez vigilant. N'oubliez pas, en cas de recrutement externe, que le contrat prévoit une période d'essai pendant laquelle la séparation est plus facile. Généralement, cette période est de un à trois mois ce qui, sous réserve d'avoir bâti un programme d'intégration, doit vous laisser largement le temps d'évaluer votre nouveau collaborateur.

© Éditions d'Organisation

FAISONS LE **POINT**

- *Avant de recruter dans l'équipe, il convient de prendre le temps de faire une analyse de la situation.*

- *Si elle aboutit à la nécessité de recruter, alors vous faites un cahier des charges... une définition de fonction qui décrit la réalité des compétences attendues.*

- *Puis vous transformez cette description du travail en profil de recrutement ou description de la personne idéale recherchée.*

- *Si vous le pouvez, vous faites un choix entre recrutement interne et externe et vous confiez votre dossier à un spécialiste de votre DRH ou à un consultant externe.*

- *Vous exigez d'eux, surtout pour un recrutement externe, au moins deux « finalistes ».*

- *Vous avez la décision finale que vous arrêterez, d'abord en comparant les qualités du candidat à celles décrites dans le profil de recrutement, puis en vous fondant sur votre « envie ».*

- *Vous veillez personnellement à établir et à suivre un programme d'intégration pour votre nouveau collaborateur.*

© Éditions d'Organisation

MES CONSEILS

⇨ *Prenez le temps nécessaire à la connaissance de chacun de vos collaborateurs directs*

   • *Sachez quelles sont leurs compétences, y compris celles qu'ils n'utilisent pas aujourd'hui,*

   • *Sachez, au-delà de l'argent, quels sont les éléments de rétribution qui les motivent le plus.*

⇨ *Souvenez-vous qu'il y a autant de façons de manager que de collaborateurs ! Comme vos clients, ces derniers attendent un traitement individualisé.*

⇨ **À chaque occasion de recrutement, prenez le temps d'analyser le travail de votre équipe et d'éventuellement le redéfinir.**

⇨ **Vous devez avoir (ou prendre) la responsabilité du choix d'un nouvel arrivant dans votre équipe, c'est votre décision.**

⇨ **Ne recrutez jamais votre semblable !**

© Éditions d'Organisation

CHAPITRE 3

Organiser, animer l'équipe

Pour qu'une équipe puisse, au quotidien, fonctionner de manière satisfaisante, son animateur devra :
– élaborer un projet,
– faire partager ce projet à ses collaborateurs,
– fixer des objectifs collectifs et individuels,
– organiser et déléguer le travail au sein de l'équipe,
– contrôler,
– décider.

Mais, compte tenu de l'évolution des conditions de la concurrence, les moyens sont souvent de plus en plus limités, les réponses techniques et organisationnelles doivent souvent être revues ; aussi le responsable d'équipe a de plus en plus souvent besoin d'ajuster ses modes de fonctionnement, donc de gérer des changements.

Nous allons dans ce chapitre étudier successivement ces différents aspects du management.

© Éditions d'Organisation

Faire partager un projet... donner le cap !

Très souvent, les objectifs fixés au chef d'entreprise ou au chef d'équipe sont quantitatifs. Il s'agit de ratios, de pourcentages, de volumes qui sont sensés refléter une stratégie et traduire une performance attendue.

Atteindre un niveau de rentabilité des fonds propres, une part de marché, un pourcentage de diminution de frais généraux, un taux de notoriété, un volume de ventes, un indice de qualité, un temps de réponse clientèle... autant de types d'objectifs régulièrement fixés.

Mais votre équipe ne se mobilisera pas uniquement sur un objectif chiffré, surtout si elle n'en comprend pas l'utilité ou la nécessité.

Votre premier rôle, en terme d'animation est de *fabriquer un « projet »* pour vous et pour votre équipe. Quelle est votre mission ? Quelle est la contribution majeure attendue de votre équipe ? Quelle est votre ambition pour l'équipe ? Comment souhaiteriez-vous qu'elle soit perçue ? Quel mode de fonctionnement souhaiteriez-vous qu'elle ait ?

Au passage, si votre propre définition de fonction a été bien faite, vous trouverez à la rubrique « mission » ou « raison d'être » une source d'inspiration pour alimenter cette réflexion.

Ce projet étant élaboré, il faut le confronter à l'opinion de vos collaborateurs directs, soit au travers de rencontres quotidiennes soit lors d'une réunion ou d'un séminaire *ad hoc*. Écoutez-les réellement, ils ont eux-mêmes leur vision. N'hésitez pas à intégrer ce qui vous semble de bonnes idées mais ne cherchez pas le consensus à tout prix. Faites au contraire ressortir les divergences, essayez une dernière fois de convaincre et, si vous n'y arrivez pas, maintenez votre point de vue en expliquant pourquoi.

© Éditions d'Organisation

Après avoir proposé votre vision à la discussion, écouté réellement et attentivement vos collaborateurs, c'est votre responsabilité de chef d'équipe d'arrêter le projet définitif, même s'il soulève des désaccords. Le pilotage ne se partage pas. Vos collaborateurs attendent d'avoir un patron dont on sait qu'il tient fermement la barre même si certains ne sont pas d'accord avec le cap proposé !

Dans votre management quotidien, il vous faudra ensuite vous référer en permanence à votre projet, communiquer, montrer le chemin parcouru ou restant à parcourir, commenter les succès et les échecs à la lumière des critères que vous vous étiez fixés. Répétez, répétez, expliquez... la pédagogie est à base de répétition.

C'est à ces conditions que vous pourrez donner un sens à l'action quotidienne et ainsi mettre en perspective, expliquer et faire comprendre les objectifs plus opérationnels que vous allez fixer à votre équipe et à chacun de vos collaborateurs.

Exemples de projets de direction ou de service

Très souvent les projets font appel à des comparaisons internes ou externes à l'équipe ou l'entreprise. L'utilisation de repères (*benchmark*) est à cet égard très utile.
• être une référence en matière de DRH ;
• être le meilleur service achat de la société (sous réserve de définir ce que veut dire meilleur) ;
• être l'atelier modèle en matière d'organisation du travail ;
• être un service « pépinière » ;
• être reconnu par les clients comme les meilleurs du marché (région, pays, segment...)

Fixer des objectifs

Après avoir donné le cap général il convient de définir la route. Fixer un objectif est un des actes de base du pilotage de l'équipe.

© Éditions d'Organisation

Un objectif ?

Devenir le meilleur, accroître le chiffre d'affaires, diminuer le temps de traitement, les temps de production, diminuer les coûts... ne sont pas des objectifs.

Un objectif doit être :

- *mesurable* (accroître le chiffre d'affaires *de 5%*),

- *repéré dans le temps* (accroître le chiffre d'affaires de 5% en *2001*),

- appliqué à un point ou à un *domaine précis* (accroître le chiffre d'affaires du *produit bleu* de 5% en *2001*).

Un objectif doit aussi :

Être *mobilisateur,*
Trop souvent nous pensons être les seuls à bien savoir faire ce qui doit être fait. Dès lors, nous donnons à nos collaborateurs des tâches à réaliser en lieu et place d'objectifs à atteindre, c'est-à-dire le résultat d'un ensemble d'actions qu'il faut leur laisser mener.

Être *ambitieux mais réaliste* en fonction de l'équipe ou du collaborateur à qui il s'adresse. Ambitieux, car il faut en permanence proposer de se dépasser, c'est une des conditions du progrès. Mais réaliste, car s'il est trop difficile à atteindre, votre collaborateur, votre équipe baisseront d'emblée les bras.

Être *fixé en face à face,* donc en commun avec ceux (ou celui) qui vont devoir l'atteindre. Là encore en cas de désaccord, vous devez tout faire pour convaincre, sinon vous gardez le dernier mot.

© Éditions d'Organisation

Exemples d'objectifs

Le caractère ambitieux ou réaliste, la capacité de mobilisation ne peuvent être évalués que dans un contexte donné, aussi les exemples qui suivent n'illustrent que l'aspect mesurable et temporel :
• Sortir à chaque fin de mois plus 3 jours, le compte d'exploitation de la division A.
• À fin 2000, avoir une part de marché de 12% pour le produit bleu dans la région Est.
• Baisser le turn over de l'équipe de vente de 10% dans les 18 mois qui viennent.
• À fin 2001, atteindre un indice qualité de 98% à la sortie de la machine Y.
• En 2001, avoir un taux de disponibilité des systèmes informatiques de 99 %.

Fixer des objectifs... un exercice difficile !

C'est un exercice difficile qui est souvent négligé ou trop rapidement mené, et ce pour plusieurs raisons :

1° Il n'est pas toujours aisé de traduire certaines missions en *objectifs quantifiés*, par exemple les résultats possibles du travail d'une équipe de recherche, d'une équipe de formation voire d'une équipe de marketing ;

2° La performance globale d'une entreprise est toujours le résultat de la *combinaison des contributions* des uns et des autres. Aussi cette interdépendance des objectifs rend difficile l'analyse des responsabilités de chacun au niveau du résultat.

Si l'un des objectifs globaux de notre entreprise est d'accroître son chiffre d'affaires de 5%, quelle sera la part due :

• à la campagne de publicité, donc au travail des équipes de création et de médias ;

• à la force de vente, donc au travail des inspecteurs de vente et des vendeurs sur le terrain ;

© Éditions d'Organisation

- aux équipes de promotion des ventes ;

- …

3° ou tout simplement à *l'environnement externe* qui a « tiré » les ventes vers le haut au-delà des prévisions établies.

Les données exogènes à l'activité de l'entreprise (reprise de l'activité économique, grève d'un sous-traitant, nouvelle législation...) ont un impact sur la performance sans pour autant que l'équipe en soit responsable. Dès lors comment les intégrer ?

Ces obstacles réels, fréquemment avancés pour ne pas fixer d'objectifs précis, peuvent être partiellement levés.

Il faut d'abord fixer des objectifs à l'ensemble de l'équipe. Ces derniers, connus de tous, déterminent le niveau de performance minimum que le groupe devra atteindre avant que toute analyse de performance individuelle ne soit menée.

Ceci permet de résoudre partiellement le problème de l'interdépendance des objectifs mais surtout, garantit une meilleure solidarité des membres de l'équipe.

Les effets de l'environnement, quant à eux, peuvent être traités par la périodicité d'analyse des résultats. C'est ainsi que faire un point tous les trois mois permet à la fois d'élaborer des mesures correctives mais aussi, le cas échéant, de revoir les objectifs si les conditions extérieures ont profondément changé.

Néanmoins, la mesure ne doit pas être trop fréquente faute de quoi toute autonomie du collaborateur disparaît. La périodicité est donc variable en fonction de la nature d'activité et de la stabilité de l'environnement dans lequel elle s'exerce.

Reste la difficulté à « quantifier » les résultats de certaines activités. Elle est réelle mais l'expérience prouve que, si les deux parties (patron et collaborateur) le souhaitent, elle peut être levée.

© Éditions d'Organisation

Ces difficultés souvent mises en avant par les animateurs d'équipe pour ne pas fixer d'objectifs mesurables, repérés dans le temps, spécifiques à une activité, réalistes et motivants car négociés avec le collaborateur, cachent en fait une réticence à avoir une relation de travail transparente.

Fixer des objectifs...
les limites de la transparence

Au fond, personne (surtout dans un monde latin) ne souhaite fixer ou avoir des objectifs trop clairs. En effet, si les objectifs sont clairs, complets, les indicateurs de mesure d'atteinte bien identifiés, *l'évaluation sera simple et sans discussion*, voire quasi mécanique !

Les relations humaines sont également (et heureusement !) fondées sur des sentiments. Si j'ai mis en œuvre au sein de mon équipe tout ce qui vient d'être recommandé en matière de fixation d'objectifs et que l'un de mes collaborateurs a atteint les siens à 100%, il ne me reste plus qu'à le sanctionner positivement !

Or ce dernier n'a aucun sens de l'équipe, n'aide jamais ses collègues... de plus je ne l'apprécie pas, il m'est antipathique !

Je n'ai donc pas envie de le récompenser complètement même s'il a atteint ses objectifs. Tout chef d'équipe, qu'il l'avoue ou non, cherche à se préserver une zone d'arbitraire dans laquelle il pourra laisser exprimer ses sentiments, son libre arbitre, sa responsabilité personnelle.

La construction de cette zone de faible transparence passe notamment par une définition approximative de certains objectifs (par exemple oubli de quantification, de repérage dans le temps...).

Symétriquement, tout collaborateur cherchera à se préserver une zone de négociation possible pour l'évaluation de ses résultats,

© Éditions d'Organisation

espérant ainsi par ses talents transactionnels palier éventuellement une performance insuffisante.

Il y a donc une sorte d'accord tacite entre le chef d'équipe et ses collaborateurs pour ne pas pousser trop loin le jeu de la transparence et donc de la fixation d'objectifs.

Il n'y a pas de bonne et de mauvaise façon de faire. Néanmoins si vous souhaitez mobiliser de manière durable votre équipe, il convient que vous poussiez l'exercice de recherche de transparence et que vous consacriez du temps à la formulation des objectifs que vous fixerez à vos collaborateurs.

Il faut cependant admettre des zones d'arbitraire tout en les identifiant comme telles et en indiquant le type de critères que vous mobiliserez pour y exercer votre jugement (loyauté, esprit d'équipe, quantité de travail...).

Fixer des objectifs... mais pas trop

Il est plus facile d'atteindre un objectif que deux !

Cette règle de bon sens est souvent oubliée par les chefs d'équipes lorsqu'ils fixent des objectifs à leurs collaborateurs. Soyez attentif à ne pas fixer un nombre trop important d'objectifs, faute de quoi aucun ne sera atteint dans la mesure ou votre collaborateur dispersera son énergie et ses compétences sur un trop grand nombre de cibles.

Fixer des objectifs... et des indicateurs de mesure

Cela semble aller de soi ! Mais très souvent l'objectif est fixé et l'on oublie de déterminer l'indicateur qui servira pour en mesurer la réalisation, l'atteinte.

© Éditions d'Organisation

Ces indicateurs doivent aussi être identifiés ou déterminés face-à-face. Ils posent deux types de problèmes que nous examinerons dans le chapitre sur l'évaluation et l'appréciation : leur pertinence (à savoir, leur capacité à refléter l'atteinte de l'objectif fixé) et la fiabilité du système d'information qui les alimente.

Déléguer

Déléguer c'est transmettre son pouvoir à quelqu'un pour l'accomplissement d'une mission sans pour autant en perdre la responsabilité.

Déléguer est donc l'un des actes élémentaires du responsable d'équipe. En fonction des missions qui lui sont confiées, des objectifs qu'il doit atteindre, il va déléguer ses pouvoirs c'est-à-dire organiser et répartir le travail au sein de son équipe.

Attention, il ne s'agit pas de déléguer ce que l'on n'a pas envie de faire ou de ne déléguer que les tâches présentant peu d'intérêt.

Cet exercice ne va pas de soi !

Il n'est pas rare aussi de trouver dans les entreprises une quantité de responsables surchargés, « qui ne s'en sortent pas », « qui n'arrivent pas à faire face », en grande partie parce qu'ils n'ont pas su ou pas voulu déléguer.

Déléguer...
un chemin semé d'obstacles

Nous sommes nous-même notre principal frein à la délégation. En général, nous sommes persuadés de savoir faire mieux que quiconque et en tout cas mieux que nos collaborateurs... (la preuve, nous sommes leur chef !).

Pour parvenir à déléguer, il convient avant tout d'être bien dans son poste, dans sa mission afin d'avoir l'aisance nécessaire pour :

© Éditions d'Organisation

- *prendre du recul,* faire le tri entre l'accessoire et l'essentiel. Il faut aussi se convaincre que, lorsque l'on maîtrise un savoir-faire notre intérêt est de le transférer à un collaborateur afin de nous rendre disponible à un nouvel apprentissage ;

- *donner le droit à l'erreur,* ne pas chercher à être perfectionniste et à vouloir voir traiter 100% des problèmes instantanément et sans erreurs ;

- *ne pas craindre de perdre son pouvoir.* Déléguer n'est pas abdiquer, d'ailleurs les pouvoirs transmis peuvent être retirés !

- *accepter la différence,* des façons de faire qui ne sont pas les vôtres mais qui néanmoins permettent d'atteindre les objectifs, d'accomplir la mission ;

- ne pas *avoir peur de contrôler.* Beaucoup de chefs d'équipe ont l'impression que contrôler ne fait pas partie du « management moderne ». Le contrôle est le corollaire de la délégation, de plus comme nous le verrons plus tard, il est souhaité par celui qui a reçu la délégation.

L'obstacle le plus important reste le temps.

En effet il va falloir prendre le temps d'expliquer, de former. Or, c'est toujours lorsque l'on est surchargé qu'apparaît la nécessité de faire faire certaines tâches par les autres.

Dès lors, on est déjà installé dans un cercle vicieux, car on a l'impression que l'on ferait plus vite soit même qu'en « perdant le temps d'expliquer ». Il convient donc de s'organiser, de déléguer avant, au moment ou l'on a le temps de le faire.

Organiser l'équipe se prépare, se planifie.

Nos collaborateurs peuvent être également des freins à la délégation de pouvoirs.

Ils peuvent ne pas avoir les compétences requises. Dans ce cas, il faudra soit prévoir un programme de perfectionnement pour leur permettre de maîtriser les compétences requises et, dans le cas extrême, envisager de s'en séparer.

© Éditions d'Organisation

Un dernier argument avancé est le manque d'intérêt des collaborateurs pour prendre des responsabilités. Il est vrai que si celles-ci sont souvent réclamées, elles sont plus difficilement assumées. Cependant peu nombreux sont ceux d'entre nous qui ne souhaitent pas avoir un travail où ils ne puissent mettre leur empreinte personnelle donc exercer une once de pouvoir ou d'engagement, si minime soit elle !

Déléguer, c'est faire confiance

Déléguer pose enfin le problème de la *confiance* dans les relations de travail. Nous sommes à cet égard partagés, certains accordent leur confiance immédiatement, d'autres après une période plus ou moins longue d'observation.

Ne pas faire confiance sera un frein à la délégation, vous aurez donc une bonne chance d'être surchargé de travail ! Aussi je recommande la confiance *a priori*, même si elle fait courir un certain risque.

Quelles que soient les difficultés liées à la délégation, elle est aujourd'hui incontournable pour un responsable d'équipe.

Le travail est de plus en plus complexe et fait appel à une somme de connaissances et d'expertises qu'un individu, aussi doué soit-il, ne peut plus maîtriser seul. Si la décision peut et doit rester concentrée dans les mains du responsable, sa préparation et son exécution doivent faire appel à de multiples coopérations.

Déléguer, donner le pouvoir est bien la base de l'« *empowerment* » (ou « pouvoir d'agir » selon les Canadiens) dont on parle tant dans les revues de management. Cette approche s'appuie sur un nouveau partage des pouvoirs dans l'entreprise, guidée par l'idée que, pour être performante, celle-ci doit donner les pouvoirs d'agir aux collaborateurs qui sont au plus proche du terrain, des clients qu'ils soient internes ou externes.

© Éditions d'Organisation

Contrôler

Veiller à la bonne marche de l'équipe, vérifier que le plan de route est respecté, contrôler que les résultats attendus sont atteints, sont de la responsabilité du chef d'équipe.

Tenir un tel propos est parfois jugé comme réactionnaire, relevant plus du management d'hier que de celui de demain.

Or la délégation ne peut exister sans contrôle, sauf à être une fausse délégation ou délégation « poubelle ».

Enfin, contrairement à l'idée reçue, les collaborateurs souhaitent avoir des repères, savoir « où ils en sont ? », bref, être contrôlés !

Pour assurer pleinement sa responsabilité, un animateur d'équipe doit donc contrôler ses collaborateurs dans le cadre des délégations et de l'organisation qu'il a mise en place.

Pour que le contrôle soit exercé correctement, trois conditions doivent être réunies :

• l'attitude est celle du *progrès* et non de la *sanction* ;

• les indicateurs utilisés sont clairs ;

• la périodicité doit être adaptée à chaque individu et/ou à chaque objectif.

Contrôler...
pour progresser

La première attitude n'est pas celle du jugement (tu as bien ou mal fait), de la notation (c'est nul), mais celle du repérage et de la correction le cas échéant.

L'objectif est de produire 200 produits bleus en 20 jours. Au bout du dixième jour, 60 produits ont été fabriqués. Lors de l'en-

© Éditions d'Organisation

tretien, le chef d'équipe va d'abord chercher à comprendre pourquoi 60 produits, au lieu vraisemblablement de 100, chercher à évaluer avec son collaborateur si l'objectif de 200 en 20 jours sera atteint, mettre en place le cas échéant les mesures qui en garantiront l'atteinte, bâtir si besoin est un plan d'action pour éviter qu'une telle situation ne se reproduise...

Contrôler, c'est vérifier que le cap est tenu, sinon comprendre pourquoi, en discuter avec le collaborateur responsable, l'aider à retrouver la route, le perfectionner pour qu'il ne renouvelle pas l'erreur... mais c'est aussi se donner une garantie d'atteindre l'objectif.

Il va de soi que des sanctions doivent être prises en cas d'erreurs identiques, renouvelées plusieurs fois, en cas d'objectifs systématiquement non atteints ; mais elles seront d'autant plus facile à prendre et à faire comprendre que le contrôle tel que nous l'avons décrit ci-dessus se sera exercé.

Contrôler sur des indicateurs... et non sur des impressions

Le contrôle doit évidemment reposer sur des indicateurs qui ont été élaborés au moment de la fixation des objectifs et de la délégation. Nous retrouvons ici le débat sur la recherche ou non de transparence.

Un contrôle exercé sur des éléments relevant de bruits de couloirs, de rumeurs, d'impressions sera démotivant et perçu comme un empêchement d'agir et une limitation à la délégation de pouvoirs.

Décider

Il revient au chef d'équipe de décider, d'arbitrer entre deux options possibles, entre deux propositions opposées ou différentes de collaborateurs. C'est un des actes essentiels du management, c'est en tout cas un de ceux sur lesquels l'animateur d'équipe sera jugé par ses collaborateurs.

© Éditions d'Organisation

Décider n'est pas affirmer l'évidence ! S'il pleut et que vous indiquez à votre équipe que vous avez *décidé* de les faire sortir avec un parapluie... vous risquez quelques sourires !

Décider, c'est faire un choix face à un dilemme, à une situation incertaine, souvent contradictoire. Le ciel est nuageux, vous allez avec votre équipe sortir trois heures, doit-on prendre un parapluie qui nous encombrera s'il ne pleut pas ou nous protège-ra s'il pleut ? À vous de décider !

Avant de prendre une décision ou d'arrêter un arbitrage, il convient d'abord de vous informer. Faites-vous expliquer par vos collaborateurs la nature du problème, les enjeux, les risques...

Écoutez attentivement tous les arguments, surtout de ceux qui expriment des points de vue que vous ne partagez pas *a priori,* demandez à chacune des parties prenantes de vous faire une recommandation, forcez-les à exprimer et justifier la décision qu'ils prendraient s'ils étaient à votre place puis tranchez !

Il est en effet inutile de prolonger longtemps la phase d'investigation et d'analyse. C'est souvent un alibi pour reculer le moment difficile de la prise de décision. De plus, il est illusoire d'imaginer pouvoir rassembler tous les éléments « nécessaires » à une « bonne » décision.

Vous fonderez le plus souvent votre décision sur votre intime conviction, sur votre engagement dans l'action.

Manager le changement

Dès qu'une équipe est en place sa capacité à changer s'affaiblit. C'est en effet le propre de toute organisation humaine que de rechercher sa pérennité en reproduisant les mécanismes qui ont fait son succès.

Le manager a la responsabilité de veiller à l'adaptation permanente de son équipe aux exigences de son environnement.

© Éditions d'Organisation

Changer ou...
être changé !

Face aux mutations deux attitudes sont possibles :

- attendre, voire résister, ce qui aboutira à un moment donné à une crise, à une adaptation brutale parce que les résultats ne seront plus à la hauteur des attentes ;

- anticiper, repérer ce qui se passe à l'extérieur, décoder ce qui est essentiel, faire le tri entre effets de modes et tendances de fond et engager des actions de changement en conséquence.

Cette deuxième attitude est de loin la meilleure, mais elle est difficile à mettre en œuvre parce qu'elle suppose une capacité de remise en cause permanente qui, de plus, doit être partagée par l'ensemble des collaborateurs.

Pourquoi changer
ou vendre le changement ?

Sauf en cas d'impérieuse nécessité (survie, risque de catastrophe clairement perçu…) il est difficile de faire admettre un changement.

La première action à mener est de *faire entrer le « dehors » de votre équipe en son sein*. Toute évolution est provoquée, justifiée par l'extérieur : les nouvelles attentes des clients (internes ou externes), de nouvelles formes de concurrence…

Votre seul discours sur le sujet risque d'être insuffisant, aussi convient-il que vos collaborateurs prennent conscience directement, et par eux-mêmes, des évolutions externes.

Organisez des rencontres directes avec les clients, donnez-leur le temps d'aller sur le terrain, demandez-leur de vous accompagner pour vous assister lors de certaines réunions avec vos partenaires, bref ne les protégez pas du monde extérieur mais au contraire : exposez-les.

© Éditions d'Organisation

Vous serez d'ailleurs surpris de constater, que mis dans cette situation, vos collaborateurs ont des capacités de réactions et d'adaptation que vous ne soupçonniez pas !

Votre rôle est donc d'abord de faire en sorte que chaque membre de votre équipe comprenne ce qui se passe à l'extérieur. Donner le sens, faire comprendre pourquoi l'on doit changer est une des actions clés de la conduite d'un changement.

S'organiser pour changer

Il faut donc que vous organisiez au sein de votre équipe un mécanisme permanent d'observation et de confrontation de l'ensemble de vos collaborateurs avec l'extérieur.

Lorsque des ajustements ou des modifications importantes sont à opérer, il est sage de mettre en place une *équipe projet* chargée d'analyser et de proposer les nouvelles façons de faire.

Cette équipe doit être composée de collaborateurs qui connaissent la réalité du travail. En effet, il est trop souvent fait appel à des organisateurs internes ou externes qui raisonnent sur une perception de la réalité plus que sur la réalité elle-même. Ces derniers peuvent faire partie de l'équipe projet pour y injecter de la méthode, apporter des compétences techniques, y poser des questions d'étonnement mais il ne faut pas oublier que *la réussite d'un changement passera par ceux et celles qui le mettront en œuvre* et non par ceux qui l'auront conçu.

De plus, une fois encore, vous serez surpris par la réserve d'imagination et de mobilisation que vous trouverez chez vos collaborateurs à condition de vous donner la peine de les écouter, de prendre en compte leurs opinions lorsqu'elles vous semblent pertinentes, de leur expliquer pourquoi vous rejetez telle ou telle suggestion.

© Éditions d'Organisation

De petites victoires
en petites victoires...

Lorsque vous avez arrêtez la configuration future de votre organisation, décomposez la mise en œuvre de votre projet en petites
étapes, en petits pas. Ne cherchez pas (sauf urgence) à tout changer, tout de suite.

Trop souvent nous avons tendance à être impatient, à vouloir
tout faire, tout de suite, en oubliant l'inertie des organisations et
le travail nécessaire du temps.

C'est souvent une succession de petites victoires qui permet de
gagner la guerre, aussi programmez la mise en œuvre de votre
projet avec une succession d'étapes, repérées dans le temps.

Dès que vous en avez franchi une avec succès, faites-le savoir,
communiquez afin d'indiquer que vous tenez le cap par rapport
au projet final.

Communiquer en permanence

Tout au long d'un processus de changement, vous devez être
particulièrement attentif à l'information de vos collaborateurs.

Pour être partie prenante, ils doivent être au clair avec :

• ce qui fait que le changement est nécessaire,

• la situation finale recherchée,

• leurs enjeux personnels,

• la progression du programme de changement (où en est-on ?).

Pendant cette période vous avez intérêt à parler « vrai », même
si certaines informations sont difficiles à donner (suppression
possible d'emplois, mobilités géographiques nécessaires...).

© Éditions d'Organisation

Sinon les rumeurs se développeront plus que de coutume et perturberont le déroulement de votre projet.

Vous veillerez également à communiquer sur vos petites victoires et à mettre en avant les collaborateurs qui se seront plus que d'autres engagés dans le changement.

Accompagner vos collaborateurs

Certains de vos collaborateurs seront peut être rapidement convaincus de la nécessité de changer, ils s'engageront donc assez rapidement et il faudra vite les accompagner.

* *En leur donnant de l'intérêt*

    Ils devront être rapidement gratifiés et récompensés même si quelques erreurs ont été commises. Il faudra donc que vous soyez attentif à faire évoluer votre système de rétribution et que vous preniez le risque de reconnaître les nouveaux comportements conformes au changement attendu.

    Rien n'est plus destructeur dans une équipe, de voir récompensés des collaborateurs qui manifestement n'agissent pas en conformité avec le projet défini.

* *En veillant à l'évolution de leurs compétences*

    Le changement engendre toujours des besoins en compétences techniques ou relationnelles nouvelles. Il faut donc construire un référentiel des compétences attendues, mesurer les écarts avec celles maîtrisées par vos collaborateurs et mettre en place les programmes de formation nécessaires.

© Éditions d'Organisation

Être exemplaire

Le responsable de l'équipe doit montrer l'exemple et être le premier à s'engager dans le changement.

Je me souviendrais longtemps de ce chef d'équipe qui m'expliquait combien ses collaborateurs étaient résistants au changement. Pour des raisons d'économie il avait supprimé dans son service d'étude toutes les secrétaires, arguant qu'avec les traitements de texte actuels, ses chargés d'études pouvaient taper eux-mêmes leurs rapports.

Mais pour ce qui le concernait, il avait moult arguments pour expliquer qu'il devait avoir une secrétaire. D'ailleurs aucun ordinateur n'avait jamais été aperçu dans son bureau !

En général vos collaborateurs se comporteront comme vous.

Vous voulez qu'ils changent... alors changez !

© Éditions d'Organisation

FAISONS LE **POINT**

- Donnez un sens à l'action de vos collaborateurs... soyez un leader en faisant partager votre projet.

- Construisez une relation « contractuelle » avec votre équipe, fondée sur un faible nombre d'objectifs et d'indicateurs... mais gardez une zone d'arbitraire.

- N'attendez pas une crise pour déléguer, faites-le au moment où vous en avez le temps...

- Mais n'hésitez pas à contrôler pour garantir le résultat et faire progresser vos collaborateurs.

- Après avoir écouté, décidez et arbitrez !

- Organisez votre équipe pour lui permettre de changer plus facilement.

© Éditions d'Organisation

MES CONSEILS

⇨ *Prenez le temps nécessaire à la connaissance de chacun de vos collaborateurs directs*

  • *Sachez quelles sont leurs compétences, y compris celles qu'ils n'utilisent pas aujourd'hui,*

  • *Sachez, au-delà de l'argent, quels sont les éléments de rétribution qui les motivent le plus.*

⇨ *Souvenez-vous qu'il y a autant de façons de manager que de collaborateurs ! Comme vos clients, ces derniers attendent un traitement individualisé.*

⇨ *À chaque occasion de recrutement, prenez le temps d'analyser le travail de votre équipe et d'éventuellement le redéfinir.*

⇨ *Vous devez avoir (ou prendre) la responsabilité du choix d'un nouvel arrivant dans votre équipe, c'est votre décision.*

⇨ *Ne recrutez jamais votre semblable !*

⇨ ***Partagez avec vos collaborateurs une vision, un projet pour votre équipe.***

⇨ ***Trouvez et exprimez votre équilibre personnel entre management contractuel (objectifs) et management arbitraire.***

⇨ ***Faites confiance a priori, vous pourrez ainsi plus facilement déléguer, mais exercez un contrôle sans faille.***

© Éditions d'Organisation

⇨ *Ne remettez pas à demain une décision qui (souvent) peut se prendre aujourd'hui.*

⇨ *Vos collaborateurs ont une capacité de mobilisation et de changement supérieure à celle que vous leur attribuez*

© Éditions d'Organisation

CHAPITRE 4

Évaluer vos collaborateurs

Grâce aux définitions de fonction que vous avez élaborées et données à vos collaborateurs (voir chapitre 2), ces derniers ont une bonne vision de leur mission et du cadre dans lequel elle s'inscrit. Les objectifs individuels ou d'équipe que vous leur avez fixés leur permettent de savoir ce que vous attendez d'eux (voir chapitre 3). Enfin, si vous avez construit des indicateurs de mesure d'atteinte des objectifs, ils sont au clair avec la manière dont ils seront évalués.

Au fil des jours et des semaines vous allez exercer un contrôle sur leurs activités dans le respect des pouvoirs que vous aurez délégués. Mais, un jour, il faudra prendre le temps de faire le point afin d'arrêter certaines décisions (sanction positive ou négative, réajustement important des tâches ou des missions, modification des pouvoirs délégués…)

© Éditions d'Organisation

C'est l'objet de l'entretien d'appréciation ou de l'entretien d'évaluation.

Il s'agit d'une rencontre face à face avec votre collaborateur, menée à période fixe, en général tous les ans, structurée par un support, papier ou électronique, sur lequel vos conclusions seront consignées et transmises à votre propre patron et souvent à la Direction des Ressources Humaines.

Dans ce chapitre nous allons examiner :

– pourquoi et dans quelles conditions mener des entretiens d'appréciation ;

– les éléments sur lesquels peuvent porter l'appréciation : les résultats, les compétences, le potentiel ;

– les méthodes possibles pour le conduire ;

– comment mener un entretien face-à-face.

© Éditions d'Organisation

Un entretien d'appréciation, est-ce utile ?

À quoi bon prendre une ou deux heures de temps en temps avec ses collaborateurs alors que tous les jours on se voit, on se parle, on travaille ensemble ! Ceci ressemble à du temps perdu ou à un rite inutile du management moderne.

Pourtant, chacun s'accorde à dire qu'il faut de temps en temps s'arrêter, prendre du recul, remettre les évènements en perspective, faire le tri entre ce qui est important et ce qui l'est moins. C'est d'ailleurs ce que nous faisons parfois dans notre vie personnelle, alors pourquoi ne pas le faire dans la vie professionnelle ?

C'est précisément l'objet de l'entretien d'appréciation. Mais pour qu'il soit utile, il faut qu'il soit mené dans une quadruple perspective :

• *Une perspective de progrès*

L'objectif n'est pas de noter mais d'évaluer.

Noter, c'est porter un jugement définitif sans donner à l'individu la possibilité de réagir. Lorsque à l'école vous avez 8 sur 20, vous n'avez plus aucune possibilité de modifier cette note et si par malheur il s'agit de votre moyenne au baccalauréat, vous n'êtes pas reçu ! Il vous reste à tout recommencer comme si vous partiez de 0.

Évaluer, c'est-à-dire faire un point, repérer ce qui a bien et mal « marché », comprendre pourquoi, identifier les voies et moyens d'amélioration possibles sans pour autant repartir à la case départ.

L'entretien d'appréciation doit donc être mené dans une perspective d'évaluation et de recherche d'amélioration sans pour autant, nous le verrons plus loin, passer sous silence les éléments négatifs.

© Éditions d'Organisation

• *Une perspective de durée et de continuité*

L'entretien est un moment fort, mais l'un des moments parmi d'autres dans la relation avec vos collaborateurs. Aussi vous devez veiller à la consistance entre la relation quotidienne que vous entretenez et le contenu et la tonalité de l'entretien d'appréciation que vous mènerez avec votre collaborateur.

Il ne faut notamment pas attendre cet entretien pour faire part de votre mécontentement ou annoncer une mauvaise nouvelle que vous n'avez pas eu le courage d'annoncer auparavant !

Il en va de même pour la consistance entre les entretiens menés d'années en années. C'est la répétition et l'enrichissement des entretiens à période fixe qui permettent de piloter les résultats et le développement de votre collaborateur.

D'ailleurs, lorsqu'un nouveau collaborateur est muté dans votre service, n'oubliez pas de vous procurer ses entretiens, même s'ils ont été faits par d'autres et symétriquement, lorsqu'un collaborateur vous quitte, transmettez les compte rendus d'entretiens à son nouveau supérieur hiérarchique.

• *Du courage*

Les paroles s'envolent mais les écrits restent.

C'est bien la raison pour laquelle il vous est souvent demandé de consigner les principales conclusions de votre entretien par écrit *avant* que celui-ci ne soit visé par votre collaborateur.

Il est toujours difficile de dire, face-à-face, des choses désagréables, négatives du type « vous n'avez pas atteint vos objectifs », « vos compétences sont insuffisantes », « vous ne maîtrisez pas votre poste », aussi, très souvent par manque de courage, les périphrases sont nombreuses… et les ambiguïtés avec !

« Vous êtes depuis 3 ans dans mon service, il est maintenant temps pour vous d'évoluer ».

© Éditions d'Organisation

Cette phrase dans la tête de beaucoup d'évaluateurs est une manière d'exprimer (clairement !...) la volonté de se séparer d'un collaborateur que l'on ne souhaite plus voir dans l'équipe, tandis que ce dernier peut l'entendre comme une recommandation d'évolution de carrière après une réussite dans le service.

Aimeriez-vous ne pas savoir ce que votre patron pense de vous, de votre travail, de vos résultats ? Je ne le crois pas, aussi une fois de plus ne faites pas à vos collaborateurs ce que vous ne souhaiteriez pas que l'on vous fît, prenez votre courage à deux mains, parlez clair.

Vous constaterez que ce sera peut être difficile sur le moment mais qu'ensuite vos collaborateurs vous en seront souvent reconnaissants.

• *De la clarté*

Enfin, l'entretien d'appréciation ne prend son sens que dans un contexte de management contractuel où la transparence est recherchée, des objectifs fixés et si possible des indicateurs de mesure identifiés.

C'est à partir de l'analyse de ces éléments que l'entretien se construit.

Si ces derniers n'existent pas, il s'agira avant tout d'une négociation ou d'un rapport de force entre deux individus.

Aussi, si vous souhaitez manager par l'arbitraire, ne mettez surtout pas en place d'entretien d'appréciation !

Un entretien d'appréciation : pour quoi faire ?

Les lignes qui précèdent montrent que cet instrument est la *clé de voûte d'un management contractuel*, installé dans la ligne hiérarchique et fondé sur la confiance réciproque et le respect de chacun dans son emploi.

© Éditions d'Organisation

Faciliter les échanges dans la ligne hiérarchique est la première raison d'être de l'entretien d'appréciation. Mais il peut également contribuer à :

- l'amélioration de l'efficacité opérationnelle de l'entreprise, de l'équipe par un dialogue de qualité sur les objectifs, l'analyse des résultats, l'allocation des ressources ou les moyens nécessaires pour atteindre les objectifs ;

- la mise en place de systèmes de rémunération variable fondée sur la performance et les résultats atteints ;

- la gestion du développement des collaborateurs en organisant des échanges sur les compétences à développer, d'éventuelles participations à des actions de formation ou de l'intérêt d'un changement de fonction.

Les objets possibles de l'évaluation

L'évaluation porte toujours sur les résultats atteints, mais elle peut aussi porter sur les compétences et le potentiel des collaborateurs. Nous allons successivement décrire ces différents points tout en donnant chaque fois un exemple possible de support papier.

Évaluer l'atteinte des objectifs, les résultats

Comme l'indique l'exemple ci-dessous, les objectifs sont en général scindés en trois sous-ensembles d'importance et de pérennité différentes.

Le premier, appelé dans l'exemple « *objectifs permanents* », regroupe des objectifs souvent pluriannuels relevant du « fond » d'activité du poste (voir chapitre 2, définition de poste) tenu par le collaborateur.

Le second rassemble des *objectifs propres à la période* dans laquelle s'inscrit l'entretien d'appréciation (le plus souvent l'année).

© Éditions d'Organisation

Enfin, le dernier permettra d'analyser les *objectifs apparus en cours d'année.*

Exemple de support d'évaluation d'objectifs

Objectifs permanents	indicateurs	1	2	3	4
- Produire les résultats comptables et financiers des divisions A, B, C	XX				
- Participer à la maîtrise des frais généraux	XX				
- ...					

Objectifs de développement

- Sortir à fin de mois plus trois jours le compte d'exploitation de la division A	XX				
- Automatiser la gestion du compte Y	XX				
- ...					

Objectifs apparus en cours de période

- Mener un audit complet des comptes du fournisseur X	YY				
- Animer un groupe de travail qualité sur la facturation	YY				
....					
- Concevoir, animer un séminaire d'une journée de présentation des résultats et équilibres économiques de l'entreprise.	YY				

1 signifie objectif atteint
4 signifie objectif non atteint

Dans le chapitre 3 nous avons vu les difficultés liées à la fixation d'objectifs (influences de l'environnement, interdépendance des missions, nature de certaines missions) ainsi que la réticence universelle à rechercher la transparence.

Nous les retrouvons ici, mais il faut être conscient que moins le travail sur les objectifs et les indicateurs de mesure aura été au départ précis, plus l'évaluation sera difficile, arbitraire et négociée.

Si l'objectif qui m'a été fixé est « augmenter le chiffre d'affaires du produit bleu dans le département de l'Aveyron », je peux considérer qu'une augmentation de 5% est un bon résultat, tandis que mon patron avait en tête au moins 10%. Sur cette base, l'entretien d'appréciation peut se dérouler selon deux scénarios :

© Éditions d'Organisation

- mon patron est autoritaire et va mettre en avant mes résultats insuffisants (5% *versus* 10% attendus) et en conclure immédiatement à l'absence de prime. J'en garderais le sentiment d'avoir été « floué », et donc ma motivation sera moins forte et mon potentiel de performance dégradé.

- mon patron est à l'écoute, il va me faire part de sa déception, tandis que je vais lui faire part de ma surprise (jamais l'objectif de 10% n'avait été clairement formulé !). Nous allons, alors, entrer dans une négociation (les conditions de marchés ont été dures, la campagne de publicité promise n'a pas eu lieu, d'autres vendeurs ont fait 25%...) d'où nous sortirons avec un compromis qui par définition satisfera plus ou moins les deux parties.

Dans les deux cas la situation créée n'est pas facteur de progrès. *La qualité de l'évaluation des résultats commence donc par la qualité des travaux aboutissant à la fixation des objectifs.*

Mais l'exercice recèle une autre difficulté.

Il s'agit *des sources d'informations mobilisées pour mesurer l'atteinte des objectifs.*

Si d'un commun accord avec votre collaborateur, vous avez défini au début de la période des indicateurs précis de mesure, le travail sera facilité.

Dans le cas contraire, vous serez probablement obligé de vous appuyer sur des informations dont vous aurez du mal à contrôler la fiabilité. Elles seront partiellement fournies par votre collaborateur qui, par ailleurs, pourra contester, négocier le bien-fondé d'une information que vous pourrez utiliser (nous n'avions jamais dit que mon action devait porter sur tel point, ceci est avant tout l'affaire du service X, cela était vrai il y a trois mois, maintenant parlons des moyens que vous n'avez pas mis à ma disposition...).

Là encore le travail fait en amont *d'élaboration en commun d'indicateurs de mesure* favorisera grandement l'évaluation et ce,

© Éditions d'Organisation

même s'il n'est pas toujours aisé de lier objectifs, action d'un collaborateur et résultats.

Évaluer les compétences

Si l'on admet que les compétences des collaborateurs sont à la source de la performance et du résultat, il est important d'évaluer les compétences de son équipe.

Tous les auteurs et chercheurs en gestion des hommes travaillent aujourd'hui sur le concept de compétence et chacun en a sa définition. Mais le chef d'équipe sait que son problème est d'identifier les compétences requises pour atteindre ses objectifs et d'organiser son équipe en fonction des compétences que ses collaborateurs maîtrisent ou pourraient maîtriser.

Il lui revient donc d'évaluer autant que faire se peut les compétences de chacun.

Une compétence est :

- d'abord un ensemble de *savoirs*, de connaissances générales et spécifiques acquises par la formation et l'expérience,

- mais surtout une capacité à mettre, de manière autonome, ces derniers en pratique, à les *transformer en valeur ajoutée*, en un savoir-faire, en un « tour de main ».

Pour simplifier, nous pourrions retenir qu'être qualifié, c'est savoir et qu'être compétent, c'est savoir et agir avec succès.

Sur cette base, vous devez donc vous efforcer d'identifier les compétences actuelles et potentielles de vos collaborateurs (à savoir celles non mobilisées aujourd'hui).

Cette évaluation ne peut se faire que face-à-face car pour exprimer ses compétences, votre collaborateur a besoin de moyens que vous lui octroierez ou pas. Il doit donc pouvoir échanger avec vous sur ce point.

© Éditions d'Organisation

┌─**Exemple de support d'évaluation des compétences**─────┐

Niveau de maîtrise Compétences	débutant	confirmé	expert
Compétences techniques 　　Compétence technique 1 　　Compétence technique 2 　　Compétence technique x Compétences relationnelles 　　Compétence relationnelle 1 　　Compétence relationnelle x Compétences manageriales			

Dans certaines entreprises, il existe un référentiel de compéten-ces, sorte de catalogue général ou par famille de fonctions, dans lequel vous pourrez aller puiser la formulation et la définition des compétences qui concernent votre équipe.

Mais si ce dernier n'existe pas, vous pouvez définir avec vos col-laborateurs leurs compétences techniques (celles qui relèvent du « métier », comptable, electro-mécanicien, vendeur, juriste…), leurs compétences relationnelles (négociation, représentation…) et leurs compétences managériales (animation d'équipe, condui-te de projet…)

Ensuite vous les évaluez sur une échelle à trois niveaux :

• **débutant** ;

• **confirmé**, à savoir en mesure de traiter de manière autonome 80 à 90% des problèmes qui se posent ;

• **expert**, c'est-à-dire capable de traiter de manière autonome les problèmes les plus complexes et d'apprendre aux autres le trai-tement des problèmes récurrents.

Ce « bilan » des compétences de votre équipe ainsi réalisé, vous pourrez optimiser l'allocation de vos ressources en fonction de vos besoins (organiser le travail et déléguer des pouvoirs) et définir à chacun des plans de progrès comme par exemple pas-

© Éditions d'Organisation

ser dans telle compétence du stade de « confirmé » à celui « d'expert ».

Évaluer un potentiel

Qui pourra succéder à tel responsable ? À tel expert ?

Telle est la question à laquelle tente de répondre l'évaluation du potentiel. Toute équipe, toute entreprise doit générer en son sein la majorité de ses futurs responsables. C'est une des garanties de sa pérennité, c'est aussi extraordinairement motivant pour les collaborateurs en place.

Vous devez donc vous donner les moyens de faire un pronostic sur les capacités de progrès de vos collaborateurs. Aucune méthode scientifique, définitive et certaine n'existe, aussi il faut aborder cet exercice avec beaucoup d'humilité, admettre de se tromper et donc ne jamais « estampiller » définitivement quelqu'un d'un fort ou d'un faible potentiel.

Exemple d'évaluation du potentiel

Supposons que dans votre équipe il y ait trois niveaux d'expertise et de management (1 étant le plus faible, 3 le plus élevé) :

Niveau	Expertise	Management
Niveau 3		
Niveau 2		
Niveau 1		

Les pronostics de potentiels pourraient s'organiser de la manière suivante :
- un potentiel fort serait quelqu'un, aujourd'hui en niveau 1, dont vous estimez qu'il pourrait atteindre le niveau 3 dans l'une ou l'autre des filières dans les 5 à 10 ans à venir,
- un potentiel moyen serait quelqu'un, en niveau 1, dont vous estimez qu'il pourrait atteindre le niveau 2 dans l'une ou l'autre des filières dans les 5 à 10 ans à venir ou quelqu'un, en niveau 2, dont vous estimez qu'il peut atteindre le niveau 3,
- un potentiel normal serait quelqu'un en niveau 1 ou 2 qui pourrait passer au même niveau dans l'autre filière,
- un potentiel faible serait quelqu'un dont vous pronostiquez qu'il ne peut évoluer en dehors de son niveau et de sa catégorie actuels d'emploi.

© Éditions d'Organisation

Évaluer le potentiel, c'est bien pronostiquer les capacités d'évolution d'un collaborateur à un moment donné. L'évolution s'entend aussi bien par une prise de responsabilité supérieure soit en management, soit en expertise et / ou par un changement de métier.

Ce pronostic peut se faire lors de chaque entretien d'appréciation et est donc susceptible d'être revu à la baisse ou à la hausse en fonction des résultats de votre collaborateur ou de son éventuelle promotion qui par définition va réduire ses perspectives… et donc son potentiel au sein de votre entreprise.

Ce travail d'analyse des potentiels de votre équipe vous permet de la projeter dans le temps et ainsi d'anticiper les recrutements que vous devrez faire à l'extérieur pour la renforcer.

Attention, *potentiel ne veut pas dire diplôme*. Trop souvent dans les entreprises, face à la difficulté d'évaluer le potentiel des collaborateurs, le diplôme et sa qualité supposée confèrent, *de facto*, à son titulaire un potentiel fort. Même si une bonne formation initiale permet statistiquement de faire de meilleurs pronostics de progression, trop de talents – non diplômés – sont encore aujourd'hui souvent gâchés.

Les méthodes possibles pour mener l'évaluation

Un entretien face-à-face entre patron et collaborateur…

La pratique la plus répandue dans les entreprises est, une fois par an, un entretien face-à-face entre le supérieur hiérarchique et chacun de ses collaborateurs.

Il porte toujours sur l'analyse des résultats de la période passée et la fixation d'objectifs pour la période à venir.

© Éditions d'Organisation

La formation et les moyens nécessaires pour atteindre les objectifs y sont souvent examinés.

Lorsque l'entreprise a adopté un système de rémunération variable fondé sur la performance, l'entretien va permettre d'évoquer le niveau de bonus et de prime et de rappeler au passage les règles du jeu de la rémunération.

Enfin, dans certaines firmes, une analyse des compétences est menée, un pronostic de potentiel établi et les évolutions possibles de carrières (mobilité géographique ou fonctionnelle, promotion) sont évoquées.

dont les conclusions sont consignées par écrit....

À l'aide d'un support écrit, les principales conclusions de l'entretien sont consignées par écrit (voir ci-dessus : exemple de support pour objectifs, compétences, potentiel).

En général, la dernière page de ce dossier est réservée pour des commentaires libres de l'appréciateur et de l'apprécié. En tant qu'appréciateur, il vous revient le premier d'écrire votre commentaire afin que votre collaborateur puisse faire le sien en toute connaissance de cause.

puis transmises à la hiérarchie...

Dans beaucoup d'entreprise le dossier est ensuite transmis à la hiérarchie de l'appréciateur. L'objectif poursuivi est d'avoir un deuxième regard afin de ne pas laisser l'évaluation à une seule personne. Ce deuxième regard est bien sûr plus distant mais toujours dans la ligne hiérarchique.

Il portera souvent un jugement sur l'évaluation de potentiel et les perspectives professionnelles de l'évalué.

© Éditions d'Organisation

Si son évaluation est divergente de celle de l'appréciateur, il devra s'en expliquer avec lui avant qu'elle ne soit communiquée à l'évalué.

Cette pratique sous-entend que le patron de l'appréciateur doit s'efforcer tout au long de l'année d'être attentif aux membres des équipes de ses collaborateurs, sans bien entendu, court-circuiter ces derniers.

et dont tout ou partie
sera stocké par la DRH

Dans certaines entreprises, la totalité du support écrit est retourné à la DRH. Mais le plus souvent ne reviennent aux Ressources Humaines que les parties pouvant les concerner : formation à prévoir, mobilité, carrière et, quand elles existent, les cotations de potentiel.

La responsabilité de l'évaluation doit rester celle du supérieur hiérarchique, il est le seul à pouvoir évaluer l'atteinte d'objectifs, il est le seul à pouvoir déléguer, organiser son équipe et dans ce cadre fixer des objectifs à chacun de ses collaborateurs. Il doit être le seul à sanctionner positivement ou négativement ses collaborateurs, faute de mettre son autorité en péril.

La DRH peut aider le chef d'équipe dans cette tâche difficile, elle doit veiller à l'équité de traitement entre chaque collaborateur et donc être un garde-fou aux excès possibles de tel ou tel chef d'équipe. Elle doit mettre en œuvre les formations qui ressortent des analyses menées lors des entretiens, enfin elle anime la mobilité interne. Autant de missions qui font que la connaissance des conclusions essentielles de chaque entretien d'évaluation lui est indispensable.

La pratique la plus courante est donc celle qui vient d'être décrite. Mais il en existe des variantes qui méritent que l'on s'y attarde.

© Éditions d'Organisation

Certaines compagnies recommandent *de mener plusieurs entretiens formalisés* pendant l'année (un tous les semestres voire un tous les trimestres), notamment sur la partie liée aux activités, aux objectifs.

Cette méthode peut être utile dans des environnements en évolution rapide, car elle permet de se réajuster ; elle peut également être employée avec un collaborateur en difficulté ou qui vient juste d'intégrer l'équipe car elle permet d'avoir un pilotage plus précis. Mais elle peut aussi limiter les champs de la délégation et être le symbole d'une faible confiance accordée aux collaborateurs.

D'autres entreprises ont *séparé leur entretien d'appréciation en deux parties*.

La première portant sur les résultats, les objectifs, la formation et les moyens nécessaires pour remplir ses missions, relève d'un entretien entre chaque collaborateur et son supérieur hiérarchique.

La seconde s'intéressant au potentiel, à la mobilité, à la carrière, s'appuie sur un entretien mené avec la Direction des Ressources Humaines.

Cette méthode, souvent appliquée à l'usage exclusif des cadres, voire des cadres supérieurs, s'appuie sur l'idée que les collaborateurs n'appartiennent pas à une équipe, à un service... mais à l'entreprise. La DRH en tant que représentante de la Direction générale est donc en charge de la gestion et du développement de cette ressource commune. Nous reviendrons sur ces problèmes dans le chapitre 9.

Enfin, un nombre croissant d'entreprises, engagées depuis plusieurs années dans des méthodes d'évaluation du type de celles que nous avons décrites, constatent que l'évaluation face-à-face a de nombreuses limites. Elles cherchent alors à mettre en place une méthode d'évaluation nouvelle dite évaluation 360°.

© Éditions d'Organisation

Une méthode en développement : l'évaluation 360°

Cette méthode est souvent mise en place à partir des trois constats suivants :

- Au bout de plusieurs années, le dialogue face-à-face s'appauvrit, tout a été dit ou semble l'avoir été et l'entretien se transforme en un rituel qui n'a pas d'utilité.

- Aujourd'hui la réduction du nombre de niveaux hiérarchiques, la recherche de flexibilité et d'une allocation optimale des collaborateurs font que les équipes projets se multiplient. Comment évaluer de manière équitable un collaborateur qui a été « détaché » 30% de son temps sur un projet sous la responsabilité d'un autre que son patron habituel ?

- Enfin, puisque toutes les entreprises tendent leurs efforts et leurs processus vers la satisfaction du client, comment ne pas prendre en compte cette dernière dans l'évaluation des résultats des collaborateurs ?

L'évaluation 360° s'efforce de répondre à ces différentes interrogations. La responsabilité de l'évaluation reste au supérieur hiérarchique, elle est réalisée face-à-face mais préparée, alimentée par une interrogation des collaborateurs de l'évalué, de certains de ses collègues avec qui il est en relation, voire de ses clients.

Schéma d'une évaluation 360°

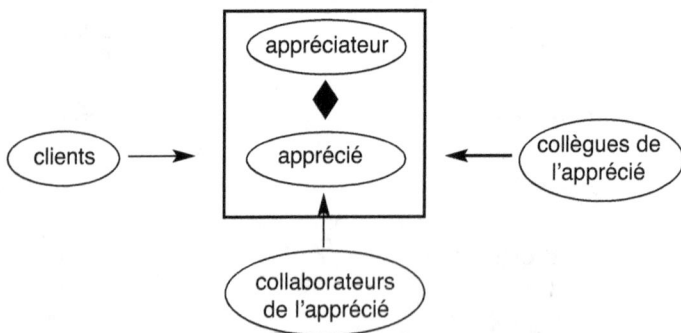

© Éditions d'Organisation

La préparation de cette évaluation se fait par la distribution de questionnaires à un certain nombre de collaborateurs, de collègues, de clients. Ils y répondent de manière anonyme (il doit d'ailleurs y avoir un minimum de 5 à 7 réponses par catégorie pour préserver l'anonymat) et expédient leur réponse à la DRH ou elle sera traitée informatiquement et restituée sous forme de graphiques à l'apprécié.

Vous trouverez ci-dessous un exemple simplifié de restitution :

Évaluation DUPONT

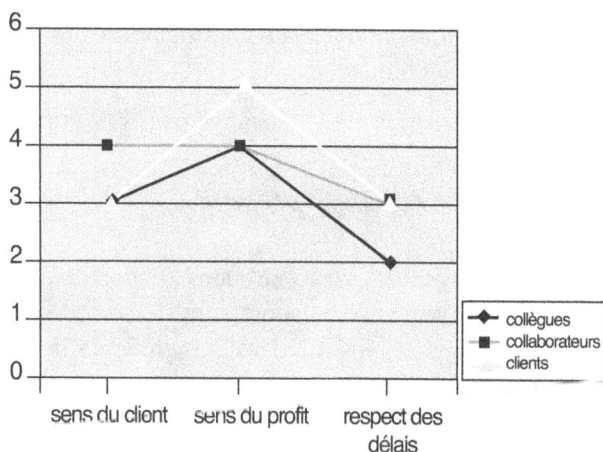

Dans cet exemple trois thèmes sont évalués : le sens du profit, le sens des clients, le respect des délais ; 6 étant excellent et 1 très mauvais.

Ce regard des autres permet d'enrichir « du dehors » la relation d'évaluation entre le patron et son collaborateur. Des idées préconçues peuvent tomber, de vrais problèmes peuvent apparaître.

Il ne faut pas avoir peur de ce type d'approche car de toute façon vos collaborateurs, vos collègues, vos clients parlent déjà à votre patron mais de manière très informelle et sans que vous ne le sachiez !

© Éditions d'Organisation

Avant d'introduire de telles méthodes, il convient cependant que l'entreprise ait une solide expérience de l'évaluation face-à-face. De plus, le 360° peut être mis progressivement en place en commençant par l'opinion des collaborateurs, puis celle des collègues et enfin, quand le système est bien rôdé, le passage à l'interrogation des clients.

Quelques conseils pour mener un entretien d'appréciation

Un entretien d'appréciation n'est pas une discussion, une conversation, ce n'est pas non plus un interrogatoire, une confession ou un entretien « clinique ».

Un entretien d'appréciation est un échange construit et préparé.

Un échange préparé...

Il est important de préparer les entretiens d'appréciation que vous allez mener avec vos collaborateurs. Référez-vous aux notes que vous avez prises lors du dernier entretien afin d'assurer la continuité, pensez aux *faits* qui vous font forger votre opinion sur votre collaborateur. N'oubliez pas d'analyser les indicateurs d'atteinte d'objectif que vous aviez élaboré en début de période. Il faut aussi évaluer l'ensemble d'une année et non le travail et les résultats des dernières semaines. Souvenez-vous que certains collaborateurs sont très doués pour vous amener à une bonne perception d'eux-mêmes !

Vous allez ensuite fixer la date de l'entretien suffisamment longtemps à l'avance pour que votre collaborateur ait également le temps de le préparer... et vous essayerez de ne pas changer la date arrêtée.

© Éditions d'Organisation

mené dans des conditions optimales,

L'entretien doit pouvoir se dérouler dans des conditions de confort et de temps idoines. Si vous avez un bureau, vous fermez votre porte sinon vous recherchez un endroit calme.

Vous ne répondez pas au téléphone ou à toute autre sollicitation, vous êtes complètement concentré sur votre collaborateur.

Vous devez vous accorder le temps nécessaire. Il variera en fonction de vos collaborateurs, de leur situation professionnelle.

On peut néanmoins estimer d'une heure et demi à deux heures la durée optimale d'un entretien d'appréciation.

supposant la mise en œuvre de certaines attitudes,

Pour mener à bien un entretien avec vos collaborateurs vous devez vous efforcer de :

- dépasser vos propres difficultés, vos humeurs, vos soucis pour vous rendre le plus disponible possible,

- chercher à écouter vraiment votre interlocuteur, à savoir ne pas se contenter de l'entendre et essayer de comprendre ce qu'il vous dit et pourquoi il vous le dit,

- ne pas avoir peur du face-à-face ou chacun se dévoile un peu et donc fuir l'entretien en le « bâclant »,

- ne pas avoir peur des silences et donc parler trop rapidement et interrompre le fil d'une idée ou d'un raisonnement difficile,

- chercher une situation d'égalité avec votre interlocuteur, et par exemple si vous avez une grande table de bureau, ne pas vous réfugiez derrière mais installez-vous plutôt devant avec votre collaborateur.

© Éditions d'Organisation

respectant une séquence de thèmes traités

La séquence idéale d'un entretien d'appréciation commence par l'accueil de votre collaborateur. Même si vous vous connaissez bien, l'entretien d'appréciation est toujours un moment un peu particulier et votre collaborateur risque d'être tendu, surtout si ses performances n'ont pas été bonnes. Cherchez donc à le mettre à l'aise.

Puis la phase d'évaluation des résultats commence. L'une des bonnes manières de faire est de demander à votre collaborateur sa propre évaluation concernant ses résultats. Vous serez surpris de voir combien il est généralement capable de s'évaluer avec lucidité.

Vous porterez ensuite vos propres jugements en vous appuyant sur des faits, des indicateurs et non sur des bruits de couloir ou des impressions, des images. Vous échangerez avec votre interlocuteur sur l'évaluation proposée puis, à un moment donné, vous trancherez. Une discussion trop longue n'amènera rien, elle est d'ailleurs souvent le résultat d'un entretien mal préparé.

Pendant l'entretien, utilisez la *reformulation* pour être bien sûr d'avoir compris ce qui vous a été dit, veillez à être très *clair* surtout lorsque vous avez des choses désagréables à dire, n'utilisez pas de périphrase, au besoin répéter ce type de message pour être sûr d'avoir été compris.

Enfin, la conclusion de votre entretien est importante. Vous pouvez bien sûr y résumer les points clés, vérifier que vous les partager – ou non – avec votre interlocuteur mais surtout vous soulignez les actions que vous allez, vous et votre collaborateur, mettre en œuvre à la suite de la rencontre.

Vous allez également vous fixer une période pour votre prochaine rencontre de ce type.

© Éditions d'Organisation

Une phase importante :
l'après entretien

Pour ce qui vous concerne, veiller à faire ce que vous avez annoncé. Il en va de votre crédibilité de chef d'équipe.

Mais votre entreprise et notamment sa Direction des Ressources Humaines peuvent se servir de l'entretien d'appréciation comme base d'information pour élaborer le plan de formation ou le système de gestion de carrières (voir chapitre 6).

Il ne faut pas vous décharger sur cette dernière et attendre. Il s'agit de vos collaborateurs, il faut vous battre pour eux..

Dans nombre d'entreprises les systèmes d'appréciation sont tombés en déshérence car les collaborateurs ont constaté « qu'à la suite de l'entretien, il ne se passe jamais rien ». Si vos collaborateurs ne reçoivent aucun *feed-back*, aucun signe témoignant que l'échange que vous avez eu a servi à quelque chose, ils n'accorderont plus aucun crédit à cet instrument. De plus, ils ne vous le diront peut être pas… et vous continuerez à mener vos entretiens d'appréciation, comme d'habitude !

© Éditions d'Organisation

FAISONS LE **POINT**

- *L'entretien d'appréciation sert à faire le point avec ses collaborateurs, au moins une fois par an. Il doit s'inscrire dans une perspective de progrès.*

- *Il est la clé de voûte d'un système de management contractuel.*

- *Il améliore le dialogue sur les objectifs et les résultats, il est un support indispensable pour mettre en place une rémunération variable fondée sur la performance.*

- *Il facilite le développement des collaborateurs.*

- *Dans toutes les entreprises le pratiquant, il porte sur les objectifs et les résultats, mais les compétences et le potentiel peuvent également être évalués.*

- *L'entretien d'appréciation est un face-à-face préparé dont les résultats sont consignés par écrit et transmis à la hiérarchie et à la DRH.*

© Éditions d'Organisation

MES CONSEILS

⇨ *Prenez le temps nécessaire à la connaissance de chacun de vos collaborateurs directs*

　　• *Sachez quelles sont leurs compétences, y compris celles qu'ils n'utilisent pas aujourd'hui,*

　　• *Sachez, au-delà de l'argent, quels sont les éléments de rétribution qui les motivent le plus.*

⇨ *Souvenez-vous qu'il y a autant de façons de manager que de collaborateurs ! Comme vos clients, ces derniers attendent un traitement individualisé.*

⇨ *À chaque occasion de recrutement, prenez le temps d'analyser le travail de votre équipe et d'éventuellement le redéfinir.*

⇨ *Vous devez avoir (ou prendre) la responsabilité du choix d'un nouvel arrivant dans votre équipe, c'est votre décision.*

⇨ *Ne recrutez jamais votre semblable !*

⇨ *Partagez avec vos collaborateurs une vision, un projet pour votre équipe.*

⇨ *Trouvez et exprimez votre équilibre personnel entre management contractuel (objectifs) et management arbitraire.*

⇨ *Faites confiance a priori, vous pourrez ainsi plus facilement déléguer, mais exercez un contrôle sans faille.*

⇨ *Ne remettez pas à demain une décision qui (souvent) peut se prendre aujourd'hui.*

© Éditions d'Organisation

⇨ *Vos collaborateurs ont une capacité de mobilisation et de changement supérieure à celle que vous leur attribuez.*

⇨ **Évaluez, appréciez vos collaborateurs sur leurs résultats et non sur des impressions et des images.**

⇨ **Ayez le courage d'exprimer vos opinions face-à-face, exprimez clairement vos reproches.**

⇨ **Dans un entretien d'appréciation, l'« avant » et l' « après » (préparation et mise en œuvre des décisions arrêtées), sont aussi importants que le « pendant ».**

© Éditions d'Organisation

CHAPITRE 5

Rétribuer vos collaborateurs

Vous vous souvenez certainement de la balance contribution / rétribution présentée dans le premier chapitre. Dans les pages qui suivent, nous nous consacrons à la gestion d'un de ses plateaux : la rétribution. Nous allons successivement :
– réfléchir sur ce qu'est un système de rétribution : que rétribuer et comment le faire ?
– puis analyser les systèmes de rémunération les plus répandus dans les entreprises et leurs évolutions actuelles ;
– pour ensuite nous intéresser aux éléments clés d'une bonne gestion des rémunérations au sein de votre équipe ;
– en concluant par quelques conseils pour vous aider à mieux passer la période où vous avez à décider des augmentations et promotions de chacun de vos collaborateurs.

© Éditions d'Organisation

Qu'est-ce qu'un système de rétribution ?

Un système de rétribution a pour but de récompenser à la fois une contribution passée mais aussi « d'investir » sur des contributions futures attendues. Il s'agit à la fois de rémunération et d'investissement.

La première question à se poser est de définir la nature des contributions attendues.

Quelles sont les contributions attendues ?

Quel type de contribution permettra d'atteindre les objectifs qui nous ont été fixés ? La réponse à cette question définit le type de contribution que nous devons rétribuer.

L'entreprise peut vouloir rétribuer :

Les connaissances acquises, soit par la formation initiale ou continue, soit par l'expérience. Et ceci parce que plus un collaborateur maîtrise de savoirs, plus il est supposé performant ou avoir le potentiel pour le devenir. Dans beaucoup de conventions collectives, il y a encore peu de temps, le critère formation pesait très lourd dans le classement des postes.

De nombreuses entreprises rémunèrent leurs jeunes diplômés à l'embauche sur ce critère ; un BAC+4 vaut plus cher qu'un BAC+3 qui vaut plus cher qu'un bachelier…

L'ancienneté, au motif qu'elle confère une expérience croissante de l'entreprise, de ses clients, de ses produits, de ses services. De plus, elle traduit une fidélité qui peut être une garantie d'implication. La fonction publique, par exemple, utilise ce critère. En tant que DRH, j'ai connu un grand nombre de chefs d'équipes qui sont venus me « plaider » une augmentation pour M. ou Mme X pour qui « nous n'avons rien pu faire depuis longtemps »…

© Éditions d'Organisation

La qualification ou le niveau du poste occupé, parce qu'il peut traduire l'importance de la contribution de son titulaire aux résultats, le type de responsabilités de ce dernier et la complexité des compétences mobilisées. C'est notamment à cet effet que les postes vont être décrits, « pesés », évalués en points et classés les uns par rapport aux autres.

La performance individuelle, parce qu'elle contribue au résultat global de l'équipe, de l'entreprise. En appliquant des méthodes de fixation d'objectif telles que celles décrites dans le chapitre 3, le niveau d'atteinte de l'objectif pourra déterminer tout ou partie du niveau de rétribution.

La performance collective de l'équipe, parce qu'en fait c'est l'équipe solidaire qui permet d'atteindre des résultats. Un système exclusivement fondé sur la performance individuelle engendre des comportements égoïstes et n'incite pas les plus performants à aider, entraîner ceux qui le sont moins.

Le potentiel d'un collaborateur, parce que rétribuer c'est aussi investir sur l'avenir et qu'il faut garder parmi nous ceux dont il apparaît qu'ils pourraient faire, demain, le succès de l'entreprise.

L'implication, la motivation, parce que nous savons que pour réussir dans la compétition aujourd'hui, il faut des collaborateurs qui s'impliquent complètement dans l'entreprise.

Le temps de travail, car plus les collaborateurs travaillent, plus les performances de l'entreprise s'accroissent. C'est une pratique aujourd'hui encore répandue dans les entreprises. C'est certainement vrai dans le cas de travail posté, sur des processus en continu ou dans le cas de contact direct avec la clientèle dans des guichets ou des hypermarchés par exemple. Mais pour un bon nombre de fonctions de l'entreprise, la quantité de temps travaillé n'est plus un facteur essentiel de productivité.

Nous pourrions continuer à allonger cette liste assez facilement.

© Éditions d'Organisation

Et en y réfléchissant, vous apercevez bien d'autres qualités que vous rétribueriez comme la loyauté à l'équipe, à l'entreprise, l'esprit d'initiative, l'engagement, l'ancienneté dans un poste ou une fonction donnée...

Mais, pour avoir un système de rétribution efficace, il faudra résoudre deux problèmes :

• choisir trois ou quatre types de contributions que vous déciderez de mettre en avant et donc de rétribuer ;

• être capable d'avoir un système de mesure de ces contributions afin de garantir une certaine équité au sein de votre équipe et de l'entreprise.

Choisir les contributions attendues...

Vous ne pouvez pas tout récompenser et chaque salarié doit comprendre comment se bâtit sa rétribution. Ce sont les deux raisons majeures qui doivent vous amener à choisir l'assise de votre système de rétribution.

Dans beaucoup d'entreprises, les collaborateurs ne comprennent pas les règles sur lesquelles repose le système de rémunération. La raison peut être une mauvaise communication sur le sujet. Mais le plus souvent, il s'agit d'un système peu clair, qui veut « poursuivre tous les lièvres à la fois », c'est-à-dire rétribuer de multiples formes de contribution et qui fait que les salariés sont perdus, souvent mécontents et en tout cas peu stimulés.

Il faut donc impérativement choisir et aboutir *à un système basé sur trois ou quatre critères simples et compréhensibles.*

Aujourd'hui, la tendance est d'asseoir les systèmes de rétribution sur la qualification en s'appuyant sur un « niveau » du poste, la performance individuelle et le potentiel. Toutefois un certain nombre d'entreprises s'interrogent sur l'introduction de la performance d'équipe.

© Éditions d'Organisation

et s'y tenir...
au moins un certain temps

À l'évidence, l'assiette d'un système de rétribution doit évoluer et s'adapter aux conditions du marché, de la compétition. Ces dernières modifient la nature du résultat attendu et donc changent le type de contribution des collaborateurs.

Mais la rétribution, et notamment sa partie monétaire, sont au cœur de notre vie quotidienne. Nous avons besoin de repères en la matière et des changements trop fréquents n'auront pas les effets d'ajustements souhaités.

Avoir un système de mesure pour
garantir l'équité interne

S'il est important d'afficher les trois ou quatre types de contribution retenus, il faut également définir et communiquer sur les outils qui serviront à les mesurer. Il en va de l'équité de votre système et donc de l'état des petites « balances » de vos collaborateurs.

Chaque collaborateur doit en effet être au clair avec les méthodes qui mesureront les différentes contributions que l'on attend de lui. Sinon, les jugements seront arbitraires, souvent négociés, difficiles à expliquer. Ceci aura pour conséquence de diminuer le pouvoir d'incitation de la rétribution et le degré de motivation de l'équipe.

Or, en dehors de l'ancienneté et peut-être du temps de travail (pour lesquels il suffit de disposer d'un compteur), il est difficile d'établir un système de mesure simple et non discutable

Un effort d'objectivité et de formalisation a été conduit pour mesurer la qualification et le niveau des postes. Ces derniers sont en effet évalués en utilisant :

© Éditions d'Organisation

- soit des méthodes dites globales, où chaque poste est rangé l'un par rapport à l'autre ou classé dans des classes préalablement établies comme dans de nombreuses conventions collectives ;

- soit des méthodes dites analytiques ou chaque poste est caractérisé et évalué par un certain nombre de critères. La somme des évaluations aboutissant à un certain nombre de points. La méthode HAY, du cabinet de conseil du même nom, appartient à cette dernière catégorie.

Il faut néanmoins rester lucide et bien avoir en tête que ces méthodes sous leurs dehors de rationalisation, ne sont pas scientifiques ! Il faut les utiliser tout en raison gardant.

Pour ce qui concerne la performance (individuelle ou collective) et le potentiel, nous avons vu dans le chapitre 3 combien il était délicat, mais possible, de les mesurer.

Mais si par hasard, vous avez décidé de rétribuer la motivation, l'implication, le seul moyen de mesure que vous pourrez utiliser sera l'appréciation de chaque chef d'équipe. Par définition, chacun le fera avec sa propre sensibilité et l'équité de votre système en souffrira.

Les types de rétribution attendus sont définis au niveau de l'entreprise. Ils peuvent être les mêmes pour l'ensemble des collaborateurs ou être différents pour certaines catégories de salariés (par exemple les vendeurs).

En tant que chef d'équipe, vous devez accepter ceux qui ont été retenus par votre entreprise ou, si certains ne vous conviennent pas, négocier leur modification avec la DRH ou la Direction générale. Mais vous devez expliciter clairement à vos collaborateurs votre conception de ces critères et la manière dont vous allez utiliser les instruments de mesure.

© Éditions d'Organisation

Quelles sont les rétributions possibles ?

La palette des rétributions peut être décomposée entre les rétributions monétaires et non monétaires.

Les rétributions monétaires

Le salaire versé tous les mois est la première rétribution. Hier, pour une majorité de gens, il constituait pratiquement la seule rétribution monétaire. Il s'agissait d'un salire fixe, revu éventuellement en fin d'année. Seuls les collaborateurs dont on estimait qu'ils avaient un impact direct sur le chiffre d'affaires – les vendeurs – pouvaient avoir une rémunération variable, basée sur leur niveau de vente.

L'évolution des conditions de concurrence a fait que tous les collaborateurs de l'entreprise doivent être maintenant « en ligne » avec le client, tous ont un impact sur le résultat, sur la performance globale. Des rémunérations variables apparaissent de plus en plus souvent sous deux formes :

- des *primes ou bonus* sur objectif dont la mécanique d'attribution n'est pas automatique même si son existence doit être connue des collaborateurs ;

- des *systèmes d'intéressement* dans lesquels une règle mécanique de déclenchement d'une prime est à l'avance convenue.

Ces derniers peuvent concerner un individu, une catégorie de salariés voire même la totalité des collaborateurs. La loi sur la participation et l'éventuel accord sur l'intéressement des salariés dans votre entreprise relèvent de cette approche quant à leur mode de calcul.

En général, ces systèmes cherchent à inciter les collaborateurs à améliorer la rentabilité de l'entreprise et sont donc assis sur des mesures de cette dernière.

© Éditions d'Organisation

Ces rétributions sont versées sous forme d'argent mais, parfois, elles peuvent être converties en *avantages en nature*, le plus utilisé étant une voiture « de fonction » ou l'usage personnel dans certaines conditions d'une voiture de service.

Les modes de rémunération qui viennent d'être décrits s'inscrivent dans l'horizon annuel, ils rétribuent la contribution d'une année et sont payés au cours de celle-ci ou dans les quelques mois qui suivent.

Afin notamment de développer une fidélité à l'entreprise et un intérêt sur les résultats à long terme, des formes de rémunérations dites différées sont également utilisées. Il s'agit soit de compléments de retraite soit d'épargne salariale.

• *Les compléments de retraite* recouvrent les cotisations à des régimes supplémentaires en capitalisation ou l'adhésion à des plans de retraites, la création de régime « chapeau ».

• *L'épargne salariale* comprend : les plans d'épargne entreprise avec ou sans abondement, l'actionnariat, *les stocks-option*. Le Plan d'Épargne Entreprise (PEE) avec abondement se développe rapidement et concerne en général la majorité, voire la totalité des collaborateurs d'une entreprise tandis que les *stocks-option* sont souvent réservées à un nombre limité de cadres supérieurs.

Mais il ne suffit pas de « payer » les collaborateurs pour que ces derniers (sauf pour ceux qui se considèrent comme des mercenaires) se sentent complètement, équitablement rétribués. Il faut utiliser des rétributions non monétaires qui vont leur permettre de se sentir respectés et considérés par l'entreprise.

Avant d'examiner cette deuxième catégorie, il convient d'évoquer le temps de travail. Sa diminution et son aménagement sont des formes de rétribution à la frontière du monétaire (diminution avec compensation salariale partielle) et du non-monétaire (aménagement du temps).

© Éditions d'Organisation

La rétribution par le temps

La performance aujourd'hui passe autant par la qualité que par la quantité du travail effectué. Comme je l'ai déjà évoqué, sauf dans le cas de travail posté ou de guichet ou comptoir ouverts à la clientèle, la notion de temps de travail liée à une quantité de production – encore très vivante aujourd'hui – ne serait plus probablement qu'une rémanence de la période de l'organisation taylorienne.

Le temps de travail et son organisation doivent passer du statut de contraintes à celui de moyens d'action.

L'analyse de l'expérience des entreprises qui se sont déjà engagées dans la voie de *l'aménagement du temps de travail* montre que lorsque cet aménagement est mené de manière volontaire et concertée, l'absentéisme diminue, la qualité du travail, le sens des responsabilités et l'esprit de coopération des collaborateurs s'accroissent. Ceci prouve bien le côté rétribuant de ces initiatives.

L'aménagement du temps correspond à une attente des salariés. Vous connaissez certainement des collaborateurs qui sont prêts à faire un arbitrage pour le temps contre l'argent.

Il y a, surtout chez les jeunes, une attente croissante de flexibilité du temps. Ils sont prêts le cas échéant à travailler beaucoup pendant une période, sous réserve d'avoir ensuite une période de vacances conséquente ou de travail moins intense.

Votre entreprise s'est peut-être engagée dans une politique d'aménagement du temps de travail. Dans ce cas, vous vous devez d'en être un partenaire actif et créatif ! Beaucoup de formes d'organisation du temps de travail restent encore à inventer.

C'est en effet au niveau de l'équipe que le travail d'analyse doit être fait. Il ne faut pas que des mesures précises soient imposées par le niveau central (la DRH) au niveau local, car la réalité de chaque service est différente.

© Éditions d'Organisation

Analysez, sans *a priori*, les attentes de vos clients (internes ou externes) en matière de délais et de disponibilité, recensez les souhaits de vos collaborateurs en terme d'aménagement de leurs horaires… et encore une fois soyez créatif, sortez de la boîte logique, sortez si vous le pouvez des sentiers battus.. Vous trouverez des solutions qui améliorent l'efficacité globale de votre service tout en améliorant la satisfaction de votre équipe.

Mais vous devrez vous battre contre les idées reçues, les préjugés et peut-être contre vous-même, car vous aurez à changer vos façons de faire et d'être.

Les rétributions non monétaires

Elles ne remplacent évidemment pas l'argent ! Mais elles ont une grande importance dans la motivation des collaborateurs. Comme en matière monétaire, certaines sont d'effet immédiat, d'autres ont un impact différé dans le temps.

La première est la *sécurité de l'emploi*. Elle est sur l'instant non monétaire, mais confère au collaborateur une sécurité économique, qui aujourd'hui est devenue rare. Néanmoins, si l'on admet qu'elle ne veuille pas inévitablement dire avoir le même poste, au même endroit, quelques entreprises pourraient dans certaines conditions rechercher à offrir plus explicitement une rétribution de ce type.

La seconde est simple, il s'agit de la *reconnaissance* par le chef d'équipe du travail accompli. Dire merci pour une performance réalisée semble évident, mais combien de fois l'avez-vous fait ces dernières semaines ?

Dans de nombreuses enquêtes d'opinions réalisées dans les entreprises, l'une des requêtes régulière est le souhait de se voir remercier, ne serait-ce que de temps en temps, pour une tâche accomplie avec succès !

© Éditions d'Organisation

Reconnaître le travail de vos collaborateurs, valoriser leurs contributions, l'exprimer en tête-à-tête ou lors de réunion est un puissant facteur de rétribution.

Faire comprendre aux membres de votre équipe ce à quoi ils contribuent, leur donner une vision, un projet, une perspective globale, permet de *donner du sens* à leur travail. Interrogez-vous à cet égard sur ce qu'ils disent à leurs amis ou relations en réponse à la question : « où travailles-tu ? ».

Pour obtenir une réponse du type : « je suis dans une équipe de logistique chez X & Cie, notre ambition est de livrer nos clients en 12 h, nous en sommes aujourd'hui en moyenne à 13 h 30 » plutôt que : « je suis au service logistique dans une boîte informatique », le responsable du service logistique a dû créer des conditions positives de fonctionnement de son équipe.

Dans le même registre, *l'ambiance et les conditions de travail*, l'aménagement de l'espace ou les facilités accordées au personnel (par exemple restaurant d'entreprise, crèches, salle de gymnastique, parkings…) peuvent être des éléments de la rétribution.

Si vous avez piloté des déménagements de vos équipes, vous savez à quel point la sensibilité de ces dernières est, à juste titre, très forte quant aux conditions d'implantation et d'environnement.

Les formes de rétributions non monétaires suivantes ont plus un impact à moyen terme qu'un impact immédiat.

La possibilité pour un collaborateur de suivre une *formation*, financée ou organisée par votre entreprise peut être un élément fort de rétribution. Et ce d'autant plus que ces formations lui permettront d'accompagner son développement professionnel ou sa carrière, c'est-à-dire de mieux garantir sa pérennité au sein de l'entreprise ou de lui donner des atouts en cas de recherche d'un nouvel emploi.

Dans cette même perspective, la mise en place d'un système formel (et vivant) de *gestion de carrière* est apprécié par les salariés.

© Éditions d'Organisation

Depuis la simple bourse d'emploi interne jusqu'à un suivi personnalisé de chacun par une procédure ou par la DRH, il permet d'optimiser les ressources existantes mais également témoigne de l'intérêt réel de l'entreprise pour le devenir de ses collaborateurs. Nous reviendrons sur la formation et la gestion de carrières dans le chapitre suivant.

Le dernier ingrédient de rétribution que nous évoquerons est... la *qualité du management*. Avoir un responsable d'équipe que l'on respecte pour ses qualités professionnelles, qui vous soutient en tant que de besoin, qui vous amène à vous dépasser et donc vous fait progresser, qui met en œuvre l'essentiel des recommandations évoquées dans cet ouvrage... bref un « vrai patron », est un élément très fort de satisfaction au travail.

Comme en matière de contribution, la nature du type de rétribution utilisable est fixée globalement au niveau de l'entreprise, notamment pour ce qui concerne les rétributions monétaires. Des parts variables peuvent ou non exister dans votre entreprise, cette dernière peut avoir négocié ou non un accord sur la participation...

En tant que chef d'équipe vous devez mettre en œuvre le système. Votre responsabilité est donc :

• s'il ne vous convient pas, d'essayer de le faire évoluer en intervenant et négociant auprès de la DRH ou de la Direction générale ;

• de l'appliquer au sein de votre équipe en l'expliquant à chaque fois que cela est nécessaire ;

• de mettre en œuvre les rétributions non monétaires qui pour leur majorité sont entièrement à votre main. En effet, la reconnaissance, le sens, l'ambiance, bref, la qualité du management dépendent largement de votre seule action.

Il est important de ne pas sous-estimer cette dernière catégorie de rétribution, elle ne remplace évidemment pas l'argent, mais la

© Éditions d'Organisation

majorité des collaborateurs ne sont pas des mercenaires et n'attendent pas d'être traités comme tels.

Aussi un bon système de rétribution mobilisera d'abord les rétributions immédiates qu'elles soient monétaires (salaire, bonus, prime) ou non monétaires (reconnaissance, ambiance…). Ensuite, il sera fait appel aux rétributions à effet différé comme la formation ou l'épargne salariale.

Un système de rétribution est donc la résultante du choix des contributions attendues par l'entreprise et du type de rétributions que cette dernière décide d'utiliser pour les récompenser. Il y a donc théoriquement autant de systèmes de rétribution qu'il y a d'entreprises, mais la tendance actuelle est de privilégier les systèmes visant à l'individualisation des salaires.

Le système de rémunération dominant

En schématisant l'évolution des systèmes de rémunération, on pourrait dire qu'après une période « à travail égal, salaire égal » (dont des séquelles sont encore parfois sensibles), marquée par la recherche d'une égalité face à la récompense, nous sommes dans une période « à performance comparable, rémunération comparable », marquée par la recherche de l'équité de traitement des collaborateurs.

Les entreprises sont donc passées (ou sont en cours de passage) de systèmes où l'on rémunérait l'ancienneté (car elle confère de l'expérience) et les connaissances acquises (pour l'expertise technique qu'elles donnent) à des systèmes où l'on cherche à rémunérer les capacités, les qualifications professionnelles, la performance et le potentiel d'adaptation des collaborateurs.

Ceci s'explique simplement par le changement rapide des conditions de la concurrence.

Dans ce contexte, la rémunération de chacun et sa variation sont établies selon la mécanique qui suit.

© Éditions d'Organisation

- **Les résultats de l'entreprise**

La masse salariale est un élément du compte d'exploitation. Son augmentation pèse sur le résultat. Au moment de l'exercice budgétaire, il convient de faire une prévision d'augmentation de masse salariale à effectifs constants. Ceci permet d'établir un objectif en matière d'augmentation de salaire et de déterminer une enveloppe possible. C'est de la décomposition de cette dernière que sort le budget qui vous est alloué pour les augmentations de vos collaborateurs.

- **Le marché du travail**

Pour un emploi (ou une famille d'emplois) donné, il existe un « prix » du marché. Vos salaires ne sont pas compétitifs si leur niveau moyen est inférieur au marché. La motivation et la fidélité de vos collaborateurs peuvent s'en ressentir.

L'entreprise doit donc prendre en compte ce marché ; sachant que les collaborateurs eux, de toute façon, le font. Il n'y a qu'à voir le succès des journaux ou périodiques vous proposant d'auto-calculer le salaire que vous devriez avoir en fonction de votre âge, votre formation, votre secteur...

Il faut toutefois relativiser ces comparaisons en se rappelant :

- Qu'il ne s'agit que d'un des éléments (bien que ce soit le plus important) du système de rétribution. Une entreprise peut payer « plus » mais n'offrir aucune perspective de carrière ou de possibilité de formation ; une autre entreprise peut garantir l'emploi mais offrir des salaires plus faibles... il faut donc comparer l'ensemble des éléments de rétribution et non seulement la rémunération.

- Le positionnement sur le marché doit être un acte volontaire. C'est ainsi que certaines firmes décident d'être dans les 10% d'entreprises payant le mieux et ce afin d'attirer les meilleurs. Lorsqu'elles compareront leurs salaires, ces entreprises devront le faire avec celles qui ont le même positionnement, faute de quoi l'analyse n'aura aucun sens.

© Éditions d'Organisation

- Que le « marché » n'est pas toujours simple à définir ! Quel est le marché d'un DUT Technique de Commercialisation ayant deux ans d'expérience de vente dans une entreprise agro-alimentaire ? Celui des « grands débutants » BAC + 2 qui comprendra des gens travaillant dans des fonctions et des entreprises très variées ou celui des commerciaux « juniors » dans l'agro alimentaire ?

Sans oublier le malentendu classique qui fait que le collaborateur risque de se comparer à « ses copains d'école, de promotion » tandis que l'entreprise le comparera aux autres vendeurs dans le secteur.

Si ces problèmes de compétitivité par rapport au marché sont ceux de l'entreprise dans son ensemble, vous pouvez en tant que chef d'équipe vous y trouver confronté lorsqu'un collaborateur vient vous annoncer qu'« il risque de vous quitter car la concurrence lui offre 20% de plus ». Dans ce cas, essayez de mener l'analyse complète telle qu'elle a été évoquée ci-dessus. Il vous faut également indiquer à votre collaborateur que changer c'est prendre des risques et qu'une prise de risque, cela se paie.

Les résultats de l'entreprise et le marché sont les deux éléments qui pèsent sur le niveau ou la variation de salaire. Le niveau du poste et les performances sont ceux qui les déterminent.

- **La qualification**, le « niveau » du poste sont très souvent rémunérés par le salaire annuel fixe. Ceci veut dire que ce dernier ne change que lorsqu'il y a changement de niveau de poste ou, dans certaines entreprises, de degré de maîtrise du poste. En se fondant sur un système d'analyse de poste aboutissant à un rangement dans des classes ou à une valorisation en point, les postes sont ordonnés en catégories avec des mini (et parfois des maxi) de salaire annuel.

- **La performance** est rémunérée soit par un système de part individuelle, soit par des primes. Dans ce cas, elle doit être mesurée lors de l'entretien d'appréciation, ce qui suppose un sérieux travail sur la fixation d'objectifs et leurs indicateurs de mesure (voir chapitre 4).

© Éditions d'Organisation

- **Le potentiel et la capacité d'adaptation** du collaborateur sont rétribués par la participation à certains programmes de formation ou à des programmes *ad hoc* de développement des compétences.

Il y a une forte probabilité pour que votre entreprise soit dans un système de ce type ou y tende. Le manager dans ce contexte a un rôle déterminant sur l'évolution de la rémunération de ses colla-borateurs. C'est lui qui détermine, sous réserve de l'accord de la DRH, le niveau de poste dans lequel il met chacun de ses colla-borateurs, c'est également lui qui va déterminer le niveau de per-formance atteint. Il pèse donc sur la quasi-totalité des ingrédients de la rémunération. La DRH veillera de manière transversale à l'équité de traitement des collaborateurs quels que soient leurs managers. Mais sa marge de manœuvre pour corriger est faible, en général, elle ne peut le faire que sur des cas flagrants d'abus de pouvoirs.

Les deux évolutions prévisibles du système

La première porte sur le type de contribution que l'on souhaite rémunérer. De plus en plus d'entreprises souhaitent *rémunérer les compétences* en lieu et place de la qualification ou du niveau de poste. Une des raisons essentielles de cette évolution est que le poste, figé dans une structure donnée, ne peut plus traduire les permanentes adaptations des formes d'organisation du travail.

La difficulté est de savoir comment et qui mesure les compétences.

La seconde évolution porte sur les méthodes de rétribution monétaire. C'est l'apparition du concept de *rémunération totale*. L'idée est que l'entreprise donne à ses salariés des possibilités de choisir entre les différentes formes de rémunération. Vous auriez donc la possibilité de choisir, à l'intérieur d'une fourchette mini/maxi entre des espèces, de l'épargne salariale, du temps, des compléments de retraite, des avantages en nature.

© Éditions d'Organisation

C'est ainsi qu'une année, à rémunération globale constante, vous pourriez décider d'avoir plus de temps et moins d'argent en espèce ou une autre accroître vos rentrées d'argent au détriment de la constitution de votre retraite... Ceci permettrait d'adapter le système de rémunération aux attentes de chacun des collaborateurs et d'avoir une approche complètement individualisée de la rémunération. Complexe, utopique ? Non, cette forme de rétribution flexible à la carte concerne plus de 50 millions de salariés aux États-Unis et semble se développer très vite en Grande-Bretagne[1].

Les éléments-clés d'un bon système de rétribution

Une fois arrêtés le type de contribution attendue et le type de rétribution mobilisée, un système de rétribution dans sa dynamique doit respecter un certain nombre de règles.

• *L'équité*

L'équité interne est une des premières caractéristiques d'un bon système de rémunération. Chaque collaborateur doit avoir une rétribution à due concurrence de la réalité de sa contribution et de plus, la percevoir comme telle.

Ceci suppose un système clair de mesure des différentes formes de contributions attendues et une claire compréhension des mécanismes de rétribution.

• *La compétitivité*

La compétitivité externe concerne la comparaison au marché. Vos salaires seront compétitifs s'ils supportent cette dernière. Ceci suppose d'avoir des instruments qui permettent de comparer des choses comparables. Par exemple, quand les entreprises ont des systèmes de description de fonction voisins ou semblables, il est plus facile et fiable de se livrer à une comparaison.

© Éditions d'Organisation

1. Thierry Conhil de Beyssac, in *Tous* DRH, Éditions d'Organisation.

• *La stimulation*

Le système de rémunération doit stimuler vos collaborateurs pour accomplir des tâches, réaliser des performances conformes aux attentes de l'entreprise. Au-delà de la congruence entre les critères de rémunération et les objectifs poursuivis, ceci passe par un effort de communication et de transparence sur le système. Au sein de votre équipe, au moment d'accorder une rétribution, et a fortiori lors de la période « de fin d'année », n'hésitez pas à ré-expliquer les tenants et aboutissants du système.

• *La flexibilité*

Les conditions de la concurrence changeant, les contributions attendues des collaborateurs devront évoluer et donc le système de rétribution aussi. Un bon système est donc flexible, il permet de s'adapter aux situations nouvelles. Mais attention à ne pas changer trop souvent, faute de quoi les collaborateurs perdront le sens et donc seront moins stimulés.

• *La facilité de communication*

Répétons-le, chacun doit comprendre comment marche le système de rétribution. Aussi ce dernier doit être facile à communiquer, donc probablement simple. Si le système de parts variables que vous avez imaginé fait appel à du calcul intégral ou nécessite une note de 10 pages pour être décrit, il ne sera pas compris donc non stimulant.

Quelques recommandations pour vos choix en matière d'augmentation de vos collaborateurs

Dans toutes les entreprises, une fois ou plusieurs fois par an, le chef d'équipe a un exercice délicat à réaliser : décider qui il va augmenter et/ou promouvoir dans son équipe.

© Éditions d'Organisation

L'exercice est difficile parce que sous contraintes :

• d'une enveloppe budgétaire (voir le paragraphe 2 consacré aux rétributions possibles dans ce même chapitre) ;

• de règles élaborées par la DRH visant à garantir une équité entre les différentes équipes au sein de l'entreprise.

Mais surtout, c'est lors de cet exercice que la *consistance* du manager sera jugée par ses collaborateurs. Consistance entre ce que le « patron » a dit en réunion, lors des entretiens d'évaluation, face-à-face... et ses décisions d'augmentation et de promotion. Il y va de sa crédibilité de chef d'équipe.

Les recommandations qui suivent ont pour objectif de vous aider à prendre ces décisions.

• *Évitez de saupoudrer votre budget*

Un des problèmes les plus fréquemment exposés par les responsables d'équipes à propos des augmentations est « comment faire travailler des gens mécontents parce qu'ils n'ont pas eu d'augmentation de salaire ? ». Et au nom de cette crainte, certains ont tendance à saupoudrer leur enveloppe. Chaque membre de l'équipe aura le même pourcentage d'augmentation ou chacun « aura quelque chose », l'objectif poursuivi étant d'éviter les conflits et les mécontentements au sein de l'équipe.

Par une telle pratique, l'objectif atteint est le mécontentement de toute votre équipe. Ceux qui ont plus contribué sont autant rétribués que ceux dont la contribution a été plus faible. De plus, vous passerez pour quelqu'un qui ne sait pas reconnaître ses collaborateurs et qui manque totalement de courage... bref, pour un mauvais manager. Donc ne saupoudrez pas mais au contraire concentrez votre budget sur quelques collaborateurs, ce qui vous permettra de donner des augmentations significatives.

© Éditions d'Organisation

- *Managez les rémunérations de votre équipe en toute clarté*

Expliquez clairement les critères mobilisés dans votre entreprise, donnez votre propre interprétation de ces derniers, expliquez comment vous allez mesurer les différentes formes de contribution... donnez à vos collaborateurs les règles du jeu et appliquez-les strictement. Si vous rétribuez la performance, alors n'augmentez pas un collaborateur qui malgré d'énormes efforts n'a pas été performant ou admettez que vous récompensez également l'effort accompli en lieu et place ou en sus de la performance !

Lorsque vous arrêterez vos décisions, dites-vous que vous devez être capable de les expliquer publiquement. N'imaginez pas qu'un collaborateur à qui vous diriez : « je t'augmente de 20%, mais merci de garder cela entre-nous » garderait le secret. Parler salaire est de moins en moins tabou dans les entreprises en France.

Il ne s'agit pas de faire une réunion de service pour commenter les salaires et augmentations de chacun, mais d'être capable le cas échéant d'expliquer vos choix.

- *Recherchez l'équité dans vos décisions*

Vos décisions doivent être fondées sur des faits, cohérentes avec les conclusions des entretiens d'appréciation que vous avez eus avec vos collaborateurs. Elles doivent dépasser vos sentiments et rechercher à récompenser de manière comparable des contributions comparables.

N'oubliez pas que le salaire paie un travail « normalement » effectué et que seul un accroissement de la performance ou de la qualification peut justifier sa variation.

N'utilisez jamais dans vos critères d'arguments extra-professionnels comme : « je ne vous augmente pas, car j'ai un budget très faible, et par ailleurs votre femme (ou votre mari) gagne bien sa vie ».

© Éditions d'Organisation

Enfin sachez que si vous avez été juste et équitable dans vos choix, vos collaborateurs le comprendront même si ceux qui n'ont pas été augmentés auront du mal à l'admettre.

• *Ne cédez jamais au chantage*

Si l'un de vos collaborateurs les plus proches, parmi les plus performants, vient vous voir un jour, en vous demandant de l'augmenter de 20%, faute de quoi il répond positivement à une proposition d'une autre entreprise… ne cédez pas à ce qui peut être un chantage. Car si vous le faites, vous abandonnez tous vos critères de décisions et chacun saura qu'il suffit de vous faire pression pour être augmenté. Analysez le problème qu'il vous pose, évaluez si vous pouvez en toute équité par rapport aux autres membres de l'équipe, le traiter ou non et prenez votre décision au risque de perdre votre perle rare. D'ailleurs, l'expérience vous prouvera que dans plus de 80% des cas, cette dernière restera avec vous.

• *Ne vous cachez pas derrière les problèmes de salaires*

L'argent, dans l'entreprise comme ailleurs, permet de régler beaucoup de problèmes mais pas tous. N'oubliez donc pas de mobiliser tout au long de l'année les rétributions non monétaires qui ont été décrites ci-dessus. Moins vous les mobiliserez, plus vous serez obligé d'utiliser de l'argent pour récompenser les membres de votre équipe.

© Éditions d'Organisation

FAISONS LE POINT

- *De nombreux types de contributions peuvent être attendus par l'entreprise.*

- *Symétriquement il existe une palette importante de formes de rétribution monétaires ou non monétaires, immédiates ou différées dans le temps.*

- *Un système de rétribution est donc la résultante du choix des contributions attendues par l'entreprise et du type de rétributions que cette dernière décide d'utiliser pour les récompenser.*

- *Le niveau de poste (la qualification), la performance et le potentiel sont les trois éléments le plus fréquemment rétribués.*

- *Un système de rétribution doit veiller à l'équité interne, à la compétitivité externe, être flexible, facile à communiquer et stimulant.*

© Éditions d'Organisation

MES CONSEILS

⇨ *Prenez le temps nécessaire à la connaissance de chacun de vos collaborateurs directs*

  • *Sachez quelles sont leurs compétences, y compris celles qu'ils n'utilisent pas aujourd'hui,*

  • *Sachez, au-delà de l'argent, quels sont les éléments de rétribution qui les motivent le plus.*

⇨ *Souvenez-vous qu'il y a autant de façons de manager que de collaborateurs ! Comme vos clients, ces derniers attendent un traitement individualisé.*

⇨ *À chaque occasion de recrutement, prenez le temps d'analyser le travail de votre équipe et d'éventuellement le redéfinir.*

⇨ *Vous devez avoir (ou prendre) la responsabilité du choix d'un nouvel arrivant dans votre équipe, c'est votre décision.*

⇨ *Ne recrutez jamais votre semblable !*

⇨ *Partagez avec vos collaborateurs une vision, un projet pour votre équipe.*

⇨ *Trouvez et exprimez votre équilibre personnel entre management contractuel (objectifs) et management arbitraire.*

⇨ *Faites confiance a priori, vous pourrez ainsi plus facilement déléguer, mais exercez un contrôle sans faille.*

⇨ *Ne remettez pas à demain une décision qui (souvent) peut se prendre aujourd'hui.*

© Éditions d'Organisation

⇨ *Vos collaborateurs ont une capacité de mobilisation et de changement supérieure à celle que vous leur attribuez.*

⇨ *Évaluez, appréciez vos collaborateurs sur leurs résultats et non sur des impressions et des images.*

⇨ *Ayez le courage d'exprimer vos opinions face-à-face, exprimez clairement vos reproches.*

⇨ *Dans un entretien d'appréciation, l'« avant » et l' « après » (préparation et mise en œuvre des décisions arrêtées), sont aussi importants que le « pendant ».*

⇨ **Sachez expliquer clairement le type de contribution que vous attendez de vos collaborateurs, la manière dont vous les évaluerez et dont vous les rétribuerez.**

⇨ **Ayez le courage de concentrer vos augmentations de salaire plutôt que de les saupoudrer sur l'ensemble de votre équipe.**

⇨ **Veillez à la cohérence entre vos propos au quotidien avec vos collaborateurs et la sanction salariale que vous prendrez, soyez consistant.**

© Éditions d'Organisation

CHAPITRE 6

Développer vos collaborateurs

Est-ce bien utile de développer les compétences de ses collaborateurs ? Cela prend du temps sur les périodes de production, coûte de l'argent... ne vaut-il mieux pas chercher à capter de nouveaux talents sur le marché ? Définitivement non ! Le développement des membres de votre équipe est l'une de vos responsabilités les plus importantes et probablement un des investissements les plus rentables, surtout en cette période où les compétences deviennent de plus en plus rares.

Après avoir identifié pourquoi il faut développer ses collaborateurs, nous allons dans ce chapitre examiner comment le faire. Nous aborderons successivement le développement :
– par le management,
– par l'organisation,
– par la formation,
– par la gestion de carrière.

© Éditions d'Organisation

Pourquoi développer vos collaborateurs ?

Pour répondre de mieux en mieux et de plus en plus vite à vos clients internes et externes, vous devez en permanence maîtriser de nouveaux savoir-faire. Les compétences requises au sein de votre équipe doivent évoluer sans cesse, faute de quoi vous risquez la mise hors jeu. Voilà la première raison pour développer vos collaborateurs.

La seconde, nous l'avions évoquée dans les chapitres 1 et 5. Permettre aux collaborateurs de maîtriser les compétences requises demain signifie que vous leur offrez une perspective professionnelle au sein de votre équipe ou de votre entreprise. C'est l'un des éléments de rétribution les plus puissants.

Pour maintenir son équipe et l'entreprise dans la compétition

Ce que vous aurez à faire demain n'est pas ce que vous faites aujourd'hui. L'évolution des attentes de vos clients, l'apparition de nouvelles technologies, la recherche d'une efficacité accrue, la pression sur les coûts vous amèneront à travailler différemment. Il vous faut donc mobiliser de nouvelles compétences et trouver de nouvelles façons de travailler.

À partir de ce constat, vous pouvez imaginer de manager vos ressources humaines de deux manières.

La première est d'ajuster vos ressources à vos nouveaux besoins en pratiquant *une politique d'entrée / sortie*. Vous essayez de faire partir les collaborateurs qui, d'après vous, ne peuvent pas s'adapter aux conditions futures et vous recrutez, le marché du travail le permettant, des collaborateurs nouveaux aptes à faire face aux nouveaux défis.

Or, rappelez-vous ce que nous avons évoqué au chapitre 1. Ce qui fait la force d'une équipe, c'est bien sûr les talents de chacun de ses membres mais aussi et surtout la manière dont *ensemble* ils les mettent en œuvre, la manière dont ils sont organisés.

© Éditions d'Organisation

Les talents individuels sont substituables mais la manière dont ils sont mis collectivement en œuvre demande des heures de mise au point, de travail, et constitue le vrai avantage compétitif durable d'une équipe, d'une entreprise.

Une politique d'entrée / sortie ne prend pas en compte le « savoir organisationnel » que vous avez développé avec votre équipe.

Si vous en êtes convaincu, soyez néanmoins vigilant. Il vous faut toujours anticiper, toujours faire progresser vos collaborateurs, faute de quoi vous vous retrouverez dans une situation qui ne pourra être gérée que par quelques départs compensés par des remplacements.

Songez un instant à ceux que l'on appelle les « bras cassés » ou ceux que l'on a mis de côté, ceux que vous « cèderiez » sans problèmes à votre DRH ou à l'équipe voisine ! À un moment de leur vie professionnelle, ils ont été abandonnés à eux-mêmes et ont arrêté de se développer, d'être contributifs.

Leur aptitude à changer est devenue très faible et leur capacité à suivre les nécessaires adaptations quasi nulle. Sans faire d'angélisme et en admettant que chacun a des limites dans son potentiel de progrès, nous verrons dans le chapitre suivant qu'il est possible par une vigilance permanente d'éviter ce type de situation, plus souvent que l'on ne le croit.

Enfin une politique d'entrée/sortie est coûteuse (coût des départs, du recrutement, de l'intégration…).

La seconde manière est de développer vos collaborateurs actuels par les moyens que nous allons décrire dans ce chapitre.

Pour rétribuer vos collaborateurs

Face à l'avenir, tout collaborateur a un besoin de sécurité. Mais beaucoup d'entre eux ont conscience des évolutions à accomplir et des efforts à engager. Si leur entreprise leur offre la possibilité

© Éditions d'Organisation

de « rester à la page », d'évoluer en fonction des besoins et d'ainsi assurer leur emploi pour demain, ils se sentiront fortement rétribués, ce qui améliorera vraisemblablement leur niveau de contribution (voir chapitre 5).

Le terme souvent utilisé aujourd'hui pour décrire cette démarche est celui « d'employabilité ». C'est l'idée de maintenir à chacun une capacité à être demain employé dans son entreprise actuelle ou dans une autre. Maintenir cette employabilité passe par le développement des compétences.

Faire progresser par le management

Plus que la formation ou tout autre procédé que nous évoquerons ultérieurement, vous êtes le plus puissant agent potentiel de développement (ou de non développement !) de vos collaborateurs.

Si vous êtes assez vigilant (et parfois patient) pour profiter au détour d'un dialogue ou d'une réunion de service pour expliquer, informer, transmettre vos savoir-faire, vos enthousiasmes, vos convictions en tenant compte des attentes et caractéristiques de chacun de vos collaborateurs, alors vous installez des conditions favorables au développement des compétences.

Un bon management au quotidien, l'application des recommandations présentées dans le chapitre 3 et notamment, une réelle délégation de pouvoirs, sont des moyens très efficaces de développement de l'équipe.

Mais c'est également une excellente manière de vous développer !

Rien ne vaut mieux que former les autres pour se former soi-même. Cela vous oblige à réfléchir à vos pratiques, à ce que vous savez faire, à aller à l'essentiel pour le rendre transmissible.

En formant, vous accroissez également vos talents en matière de communication, de mise en forme de vos messages. Ces compétences que vous renforcez en formant vos collaborateurs sont au fond celles qu'on attend aujourd'hui d'un manager d'équipe.

© Éditions d'Organisation

En déléguant, vous accroissez votre capacité d'apprentissage. En effet, si vous donnez à des collaborateurs la capacité de mener des missions que vous savez déjà mener, vous vous rendez personnellement disponible pour investiguer d'autres champs de compétences. Transmettez vos savoir-faire afin de vous rendre disponible pour en développer de nouveaux et ainsi vous adapter aux situations à venir.

Faire progresser par l'organisation du travail

L'idéal d'un chef d'équipe pourrait être d'avoir une équipe auto-apprenante, c'est-à-dire une équipe capable de manière autonome de détecter et de corriger ses erreurs. Ces organisations qualifiées d'apprenantes ont plusieurs caractéristiques communes :

$1°$ Elles sont organisées en *équipes de travail* dotées d'une mission délimitée, claire. Ces dernières rassemblent des compétences complémentaires, sont dotées d'objectifs collectifs et d'indicateurs d'atteinte de ces objectifs. Elles ont un ou des client(s) identifiés(s) et sont conscientes de la valeur qu'elles doivent créer pour eux.

$2°$ Elles s'appuient sur une *forte délégation* de pouvoirs et une ligne hiérarchique courte. L'interface client doit être capable de traiter 90 % des problèmes posés, le reste l'étant avec l'aide d'experts. Un deuxième niveau est chargé de l'animation, de la régulation, de l'arbitrage et un troisième niveau est responsable de l'animation stratégique, c'est-à-dire des choix en matière d'allocation de ressources.

$3°$ Elles sont insérées dans un *processus* avec des fournisseurs en amont et des clients en aval, que ceux-ci soient à l'intérieur ou à l'extérieur de l'entreprise.

$4°$ Elles sont dotées *d'un système d'information spécifique*. Elles ont leurs propres indicateurs de performance. Ceux-ci sont

© Éditions d'Organisation

diffusés et commentés à l'ensemble de l'équipe qui s'approprie ainsi les objectifs économiques.

On comprend assez facilement le côté « apprenant » de ce type d'organisation.

Insérées dans un processus, avec des fournisseurs et des clients, elles ont une mission claire, ce qui permet aux collaborateurs d'avoir une compréhension des enjeux.

Elles sont ouvertes sur le dehors par un contact permanent avec le client et un système d'information spécifique qui renseigne sur l'avancement des projets. Cela facilite « l'explosion » des collaborateurs aux problèmes et donc l'apprentissage, la correction rapide et la flexibilité.

Elles supposent la polyvalence des collaborateurs ou du moins des fonctions qui ne se limitent pas à la seule dimension d'expert ou de technicien, mais qui s'élargissent à la relation client, au suivi économique, au contrôle ou à l'auto-contrôle, à la communication…

Enfin elles ne fonctionnent que par le développement d'une intense communication au sein de l'équipe afin de faire profondément partager les objectifs communs, de créer un langage et développer de la solidarité. Ceci permet de faire s'impliquer les collaborateurs et d'obtenir un niveau de motivation d'une qualité exceptionnelle.

Lorsque vous pensez au fonctionnement des équipes de travail que vous connaissez, la description rapide réalisée ci-dessus peut vous sembler relever de l'utopie.

Et pourtant, vous pouvez progressivement la mettre en œuvre en observant les étapes suivantes :

1° Identifiez qui sont les *clients* de votre équipe de travail. Identifiez la *valeur* qu'aujourd'hui vous créez pour eux. Cherchez à comprendre quelles sont leurs attentes et surtout celles

© Éditions d'Organisation

qu'ils accepteront de valoriser, de « payer ». Déterminez ce que vous décidez de « livrer » à votre client, le service que vous acceptez de rendre.

2° Analysez, sans complaisance, le processus de travail actuel de votre équipe, dans la perspective de création de valeur pour votre client et du service que vous souhaitez lui assurer. Pointez tout ce qui ne crée aucune valeur et demandez-vous comment le supprimer.

3° Imaginez une organisation cible à 2/4 ans permettant de rendre le service souhaité mais également capable de s'adapter à l'évolution des attentes clients. Celle-ci sera probablement fondée sur la rapidité et la fiabilité des réponses et des actions donc sur un interfaçage le plus important possible avec les clients.

4° Décrivez alors les savoir-faire nécessaires à la mise en place de cette organisation et construisez un plan de mise en œuvre en réallouant les membres de votre équipe et en mettent en place des plans de formation individualisés. En fonction de la situation initiale de votre équipe, la mise en œuvre pourra gagner à être rapide ou progressive dans le temps.

Le succès de ce changement passera d'abord et avant tout par l'association étroite de vos collaborateurs à cette évolution. Vous devrez d'abord leur faire comprendre pourquoi elle est nécessaire puis les associer étroitement aux différentes étapes de la démarche évoquée ci-dessus. Cette association, et leur implication dans le travail de changement sont les premiers actes pédagogiques de la mise en place d'une organisation apprenante.

Dans le cas où une approche globale de ce type vous effrayerait, vous pourriez néanmoins faire progresser votre organisation en vous engageant dans une ou plusieurs des voies suivantes :

1° *Ouvrir votre organisation à vos clients,* ouvrir votre organisation vers le dehors.

© Éditions d'Organisation

Comme nous l'avons déjà indiqué dans le chapitre 3, plus l'ensemble de vos collaborateurs comprendra quels clients il sert, quels partenaires il a, et quels services vous devez rendre, plus il aura de *retours directs* sur le service effectivement rendu et /ou sur l'état d'accomplissement du plan d'action, plus il sera en état d'apprendre et de changer.

2° *Faire confiance a priori* à vos collaborateurs. Leur capacité à se mobiliser, leur conscience professionnelle, leur ambition pour leur équipe sont souvent supérieures à celles que leurs responsables leur prêtent ! De plus ce sont eux qui pour l'essentiel feront vivre la future organisation.

3° Donner le *droit à l'erreur,* et en faire une occasion d'apprentissage. Ceci veut dire que lorsqu'une erreur est commise, le premier réflexe n'est pas d'identifier le « coupable » pour se défausser sur lui, mais de comprendre pourquoi l'erreur a été commise et comment faire pour qu'elle ne se reproduise pas. Ceci, bien évidemment, ne suppose pas non plus la mise en place d'une culture d'impunité totale.

4° Organiser la *fluidité de l'information* au sein de l'équipe. Ce point est abordé plus longuement dans le chapitre 8. Retenons pour l'instant que plus l'information pertinente circule au sein d'une équipe, plus sa capacité de réaction et d'apprentissage s'élève. Pourquoi changer si, en dehors du souhait de notre responsable, aucune information ne nous y incite ! Il est probablement plus confortable de faire semblant et d'attendre le prochain responsable.

5° Faire évoluer vos méthodes de management en vous inspirant du chapitre 3.

6° Déléguer et concentrer votre rôle sur l'ouverture vers le client, le support et la formation de vos collaborateurs.

© Éditions d'Organisation

Faire progresser par la formation

La formation est l'outil de développement des compétences qui vient le plus rapidement à l'esprit. C'est le plus connu et le plus visible.

En France, en 1971, il a fait l'objet d'une loi obligeant l'entreprise à consacrer une partie de sa masse salariale à la formation de ses collaborateurs (en 1999, 1,5 %), donnant un droit à la formation aux salariés et organisant un dialogue sur le plan de formation avec les représentants du personnel.

Beaucoup d'entreprises dépensent des sommes considérables en formation sans être vraiment sûres de leur retour sur investissement.

Nous allons préciser les conditions d'utilisation efficaces de cet outil :

• il faut d'abord clarifier ce à quoi il doit contribuer ;

• puis savoir analyser les situations dans lesquelles la formation peut être utilisée, analyser les besoins de formation ;

• pour ensuite fixer des objectifs qui permettront une évaluation sérieuse des effets et rédiger un cahier des charges transmis aux spécialistes de formation avec qui nous devons savoir dialoguer.

Du bon usage de la formation

Nous avons tous une idée sur la formation car nous sommes tous allés à l'école.

Aussi, contrairement à d'autres outils de management des ressources humaines, la formation est associée à de nombreuses représentations. Elles peuvent être très diverses. Pour certains la formation doit être associée à promotion, à qualification, à diplôme. D'autres y verront une dépense inutile ou encore un investissement pour l'avenir.

© Éditions d'Organisation

Vous pourrez également rencontrer des gens qui ont peur de se former, peur de ne pas « y arriver », peur d'être évalués pendant leur cursus, peur d'avouer qu'ils ne savent pas.

Elle est également souvent utilisée comme alibi pour éviter de se poser les vrais problèmes. Enfin, elle est parfois détournée de son objet comme par ce chef d'équipe proposant à l'un de ses collaborateurs de suivre une formation « prestigieuse » parce que cette année, en dépit des bons résultats constatés, il n'a pu augmenter son salaire.

La formation dans l'entreprise n'est qu'un des outils de développement des collaborateurs au même titre que le management, l'organisation du travail, la mobilité professionnelle.

Elle n'est utile que lorsque l'on a constaté un écart entre des compétences requises et des compétences maîtrisées. Elle n'est vraiment efficace que lorsque ce constat a été anticipé de manière à laisser le temps aux collaborateurs de se former.

Si vous découvrez ce soir que, pour demain, vous avez besoin que votre collaborateur parle anglais, que votre secrétaire maîtrise un nouveau logiciel, il y a peu de chance que la formation vous soit d'un quelconque secours. Il vous faudra recourir aux bons soins d'un interprète ou d'une autre secrétaire. Par contre, si vous avez fait ce constat quelques mois avant pour l'anglais et quelques semaines pour le logiciel, vous pourrez trouver des solutions pour faire former vos collaborateurs.

En tant que manager d'équipe, votre premier travail en matière de formation est donc de bien connaître les représentations que s'en font vos collaborateurs, puis d'afficher clairement l'usage que vous souhaitez avoir de cet instrument de développement des compétences.

• Analyser les besoins de formation

Il vous revient d'analyser avec vos collaborateurs leurs besoins de formation.

© Éditions d'Organisation

Dans beaucoup d'entreprises, ces analyses sont menées une fois par an au moment de l'élaboration du plan de formation et/ou lors de l'entretien annuel d'appréciation.

Or la formation peut être mobilisée à chaque fois qu'un nouveau besoin en compétence apparaît, à savoir :

- lorsqu'un projet est lancé, un nouvel investissement, une nouvelle procédure, un nouveau processus de fabrication, une nouvelle technologie, un nouvel équipement, une nouvelle organisation du travail... sont prévus ;

- lorsque des problèmes apparaissent dans l'équipe de manière récurrente, retards importants, baisse des indicateurs de qualité, erreurs...

- lorsque, faisant un point sur l'activité d'un collaborateur, vous constatez qu'il ne pourra atteindre un objectif donné faute de maîtriser une compétence.

Elle peut également être mobilisée pour accompagner (anticiper si possible) des mouvements plus lents comme ceux liés aux évolutions techniques ou de l'environnement et pour préparer une mobilité professionnelle et/ou géographique.

Une fois par an ou selon les besoins dans les occasions mentionnées ci-dessus, vous allez, sur le mode de ce qui vous a été présenté au chapitre 4, analyser les besoins en compétences de chacun de vos collaborateurs.

À partir des écarts constatés, vous établirez des priorités de traitement et vous vous interrogerez sur la meilleure manière de faire acquérir cette compétence : changement d'organisation, réaménagement d'une fonction, mobilité du collaborateur... ou formation.

© Éditions d'Organisation

Exemple de sommaire d'analyse des besoins

Origine du problème

À la suite d'une réorganisation prévue du système de distribution, les ingénieurs de maintenance en clientèle vont être chargés de contribuer au développement de nouvelles affaires.

Méthode

Il est établi un nouveau profil de compétences : aux compétences antérieures s'ajoutent des compétences d'écoute active, d'analyse de processus de décision...

Lors d'un entretien de chaque ingénieur avec le chef d'équipe, un état des lieux des écarts entre nouvelles compétences requises et compétences maîtrisées est réalisé.

Fixer des objectifs, rédiger un cahier des charges

Une fois les déficits de compétences repérés, vous allez réfléchir à la meilleure méthode pour les combler. Dans l'exemple précédent, il est possible qu'en lieu et place d'une action classique de formation, il soit plus efficace d'envoyer les ingénieurs de maintenance en stage sur le terrain. Mais dans le cas ou vous avez arrêté votre choix sur une formation, définissez des objectifs.

Les objectifs fixés à une action de formation doivent être précis, mesurables ou observables, repérés dans le temps et se situer dans le registre des opérations (accroître en un an les ventes du produit A, diminuer d'ici six mois l'absentéisme de l'équipe B, diminuer le taux de rejet du processus C dans le mois qui suit, visiter X clients par jour...). Plus les objectifs seront précis, plus les formateurs devront trouver des solutions créatives et efficaces, plus les collaborateurs pourront progresser.

L'ancrage dans les opérations et le repérage dans le temps sont une des garanties de progrès pour les collaborateurs, car c'est en expérimentant puis en pratiquant leurs nouvelles compétences qu'elles seront définitivement acquises.

© Éditions d'Organisation

Si vous vous mettez à apprendre l'anglais dans la perspective d'une hypothétique mobilité dans un pays anglo-saxon, il y a de grandes chances que vous n'y arriviez pas sauf dons particuliers ou toutes vos vacances passées en Angleterre. Si vous savez que dans six mois, vous allez prendre un poste à Londres et qu'il vous faudra trois mois après mener quelques négociations serrées... votre apprentissage sera très performant, à la hauteur de l'exigence que vous ferez porter sur votre formateur.

Exemple d'objectifs pour la formation des ingénieurs de maintenance (voir page précédente)

- À l'issue de la formation, les ingénieurs de maintenance seront capables de rédiger une fiche descriptive des activités et besoins de chacune de leurs sociétés clientes.
- À l'issue de la formation, les ingénieurs de maintenance seront capables de dialoguer avec d'autres interlocuteurs que leurs interlocuteurs habituels dans chacune de leurs sociétés clientes.
- Trois mois après leur formation, les ingénieurs de maintenance seront capables de documenter le processus de décision d'achat informatique de chacune de leurs sociétés clientes.

Exemple d'objectifs pour une formation linguistique

À l'issue de sa formation M. X :
- aura atteint le niveau 3,5 sur l'échelle d'évaluation linguistique Y ;
- comprendra sans assistance tout le courrier et les notes qui lui sont destinés ;
- sera capable de traiter sans assistance des affaires courantes au téléphone (sans négociation) ;
- sera capable de maintenir un niveau de sociabilité minimal dans une conversation de face-à-face avec un interlocuteur anglophone.

C'est à vous, manager, qu'il revient de fixer ces objectifs. Plus vous serez précis dans leur rédaction, plus il sera facile d'avoir des indicateurs pour mesurer les effets de la formation. Votre travail n'est donc pas de feuilleter des catalogues de formation pour y trouver des solutions possibles, mais de bien définir ce que vous attendez de la formation d'un ou plusieurs de vos collaborateurs.

© Éditions d'Organisation

C'est ce que vous allez exprimer dans un cahier des charges que vous allez remettre à votre responsable de formation, votre DRH ou directement à un organisme de formation.

Ce document comprend :

1° le contexte de l'action de formation et la contribution générale attendue ;

2° les objectifs assignés au programme de formation ;

3° la description et les caractéristiques de la population concernée ;

4° les éventuelles contraintes fixées *a priori* comme par exemple une durée maximum, un plafond de coût, une période possible, un lieu, un style...

Vous allez demander aux équipes de formation de s'engager sur votre cahier des charges et de vous faire des propositions d'action. Un dialogue va s'instaurer entre vous et eux. Gardez à l'esprit que :

• vous êtes le client, vous connaissez vos équipes et vous assumerez ce qui se passera à la suite de la formation, aussi vous avez le dernier mot sur ce que vous attendez et la manière dont vous l'évaluerez ;

• mais vous n'êtes pas un expert en formation, laissez donc ces derniers vous faire des propositions, c'est leur métier et si vous les avez choisis, c'est qu'ils le font bien.

© Éditions d'Organisation

Exemple simplifié de cahier des charges

Contexte et contribution attendue

L'entreprise vend des systèmes d'information. Pour le marché des moyennes et grandes entreprises, elle emploie des ingénieurs commerciaux. Depuis plusieurs années, ces derniers ont eu de grands succès auprès de leur interlocuteur naturel : le directeur informatique. Aujourd'hui il apparaît que compte tenu du prix des prestations et de la spécificité croissante de la demande, les interlocuteurs importants sont les directions générales des compagnies clientes actuelles et potentielles. Les ingénieurs commerciaux ont des difficultés à obtenir des rendez-vous, même courts, avec ce type d'interlocuteurs.

L'enjeu est donc le maintien voire l'accroissement de la part de marché, la formation doit contribuer à aider les ingénieurs commerciaux à établir un dialogue avec les directions générales des sociétés clientes ou susceptibles de le devenir.

Objectifs
- À l'issue de la formation, les ingénieurs commerciaux seront capables de décrire les grands enjeux actuels des directions générales d'entreprises. Ceci sera mesuré par une discussion de cas en fin de formation.
- À l'issue de la formation, les ingénieurs commerciaux seront capables de diagnostiquer l'enjeu majeur de chacune de leur entreprise cliente. Ceci sera mesuré par les présentations qu'ils feront sur ce point dans les réunions mensuelles de l'équipe.
- Dans le semestre qui suit la formation, les ingénieurs commerciaux auront eu une rencontre avec la direction générale des 2/3 des entreprises de leur portefeuille. Ceci sera mesuré par la lecture des rapports d'activités.

Population concernée
Ingénieurs commerciaux, division moyenne / grande entreprise ;
Diplômés de l'enseignement supérieur (École d'ingénieur ou école de commerce) plus six mois de formation aux produits, services et approches spécifiques dans l'entreprise ;
30 à 35 ans, ancienneté de 5 à 10 ans ;
Expérience antérieure : commerciale.

Conditions de déroulement de la formation
La formation devra être résidentielle de manière à participer à l'amélioration de l'esprit d'équipe.
Elle devra favoriser les études de cas d'entreprises proches de celles suivies par les participants.
Elle devra se dérouler au cours du premier semestre en évitant le mois de mars et n'excèdera pas une durée de 4 jours.

© Éditions d'Organisation

Dialoguer avec les formateurs

À partir du cahier des charges, les formateurs vont travailler. Ils vous présenteront une proposition. Elle devrait être organisée comme suit. Si ce n'est pas le cas, cette structure indicative doit vous permettre de poser des questions.

$1°$ Rappel du contexte de la demande, des objectifs de la formation et des moyens d'évaluation. Cette partie doit vous permettre de vérifier si l'équipe de formation a bien compris et intégré votre problème.

$2°$ Éventuels pré-requis. Les formateurs vont poser des conditions nécessaires au bon déroulement de l'action de formation. Il peut s'agir d'actions à engager en préalable à la formation (information des collaborateurs, modification d'organisation, modification de procédures...) ou de niveau de connaissances et de compétences des futurs formés. Par exemple la lecture d'un ouvrage peut être demandée en préalable à l'action de formation.

$3°$ Objectifs d'apprentissage ou objectifs pédagogiques. Sous cette rubrique, les formateurs vont détailler les connaissances et savoir-faire qui devront être acquis lors de l'action de formation. Ils seront formulés de la manière suivante :

- être capable de dessiner le processus de décision d'achat d'une entreprise moyenne ;

- connnaître les sept types de comportement en cas de...

- conduire une négociation de vente en anglais ;

- être capable de décrire l'offre commerciale du point de vue du client ;

- savoir mener une analyse financière complète d'un client potentiel.

© Éditions d'Organisation

4° Programme de formation. Vous devez trouver ici les thèmes traités, leur articulation pédagogique, les méthodes pédagogiques mobilisées, la durée du programme, la nature des supports utilisés.

5° L'équipe de formation. Un *curriculum vitae* des intervenants dans le programme vous permet de vous faire une idée sur les hommes qui vont travailler avec vos collaborateurs.

Engagez donc la discussion en comparant votre cahier des charges et la proposition. Exigez de discuter avec les formateurs qui vont intervenir et non avec leur responsable ou leur commercial ou uniquement avec le responsable formation de votre entreprise. Il ne s'agit pas d'une mesure de défiance à leur égard mais, comme en matière de recrutement, vous devez « sentir » si les éventuels intervenants s'intègreront bien à votre équipe.

Développer par la gestion de carrière

Il est de l'intérêt du manager, du chef d'équipe de se préoccuper de la carrière de ses collaborateurs. Dans cette partie nous allons successivement examiner :

• pourquoi il faut veiller à la carrière des membres de son équipe ;

• comment le faire ;

• pour terminer en évoquant votre propre carrière.

Gérer les carrières, pour accroître la performance

La performance passe par des collaborateurs mobilisés et mobilisables. Rappelez-vous la balance contribution/rétribution évoquée dans le chapitre 1. L'un des éléments de rétribution est la perspective de carrière ou la vision d'un avenir professionnel possible au sein de l'entreprise.

© Éditions d'Organisation

En vous préoccupant de la carrière de vos collaborateurs, vous les rétribuez et accroissez leur potentiel de performance.

Gérer la carrière veut dire les aider à bien connaître leurs compétences, à repérer leurs perspectives possibles de développement, les aider à acquérir les compétences necessaires. Bref, maintenir vos collaborateurs dans une spirale de progrès illustrée par le schéma ci-dessous.

Performance dans un poste

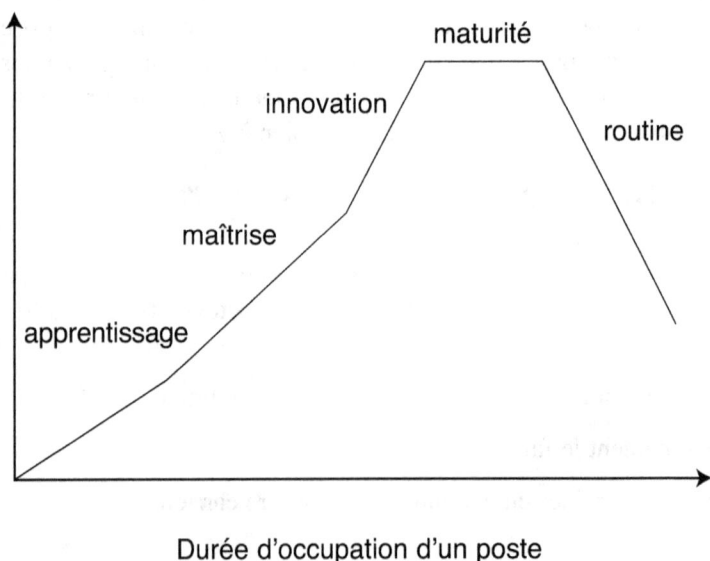

Durée d'occupation d'un poste

En abscisse, nous trouvons le temps passé dans un poste et en ordonnée la performance dans ce poste. Ce schéma d'allure mathématique traduit une réalité que chacun d'entre nous ressent.

© Éditions d'Organisation

1° Lorsque nous prenons un nouveau poste, nous avons à découvrir ses contours et généralement notre performance est faible. Nous sommes en phase d'*apprentissage*, nous avons besoin du soutien de quelqu'un de plus expérimenté et/ou de temps pour traiter les problèmes qui nous sont posés. Généralement c'est une période agréable car nous apprenons et avons le sentiment de progresser.

2° Cette période passée, nous sommes en mesure de traiter de manière autonome 60 puis 70 puis 80 à 90% des problèmes. Nous atteignons une phase de *maîtrise* qui est gratifiante par le sentiment du progrès accompli.

3° Lors de la phase suivante, nous maîtrisons la quasi-totalité des problèmes posés, nous avons une capacité à innover, à proposer de nouvelles façons de faire plus efficaces, plus rapides ou plus fiables.

Si nos suggestions sont écoutées, et mieux, retenues cette période est également très gratifiante.

4° Vient alors la période de *maturité* dans la fonction, nous sommes en mesure d'aider les autres mais notre capacité à innover s'est partiellement émoussée.

5° Puis le temps passant, toutes choses égales par ailleurs, nous nous installons dans la *routine*. Le matin lorsque le réveil sonne, il est de plus en plus difficile de se lever pour aller au bureau ou à l'usine. Toujours les mêmes problèmes, les mêmes clients, les mêmes collègues... si cette période dure trop longtemps, notre motivation baisse, notre capacité d'écoute et d'innovation disparaît et nous nous installons dans une spirale négative.

Gérer la carrière de nos collaborateurs, c'est savoir les repérer sur cette courbe. S'ils s'avèrent être en fin de phase d'innovation ou en phase de maturité, il faudra songer à leur proposer une évolution. Cette dernière pourra être une évolution de leur fonc-

© Éditions d'Organisation

tion ou un nouveau poste au sein de votre équipe ou ailleurs dans l'entreprise. Pratiquer de la sorte est une des conditions du maintien de la performance de votre équipe.

Mais cette gestion est une alchimie fine, car elle dépend des postes et des individus. Il n'y a pas en la matière de loi générale du type : il faut changer tous les trois ans.

Certains postes demandent une occupation plus longue que d'autres. Pour bien maîtriser une fonction de souscripteurs de grands risques dans l'assurance, d'ingénieur technico-commercial dans l'industrie... il faut plusieurs années de confrontation avec la distribution et les clients. Par contre, pour faire le tour d'une fonction d'hôtesse ou d'auditeur interne, le temps sera vraisemblablement moins long.

Cela dépend également des individus, de leurs envies et de leurs potentiels. Pour revenir au poste d'audit interne, certains resteront longtemps dans la phase d'innovation et de maturité. Ils maintiendront longtemps leurs niveaux de performance.

Il n'y a pas de règles générales, pas de modèles. C'est à vous de bien connaître vos collaborateurs (attention de ne pas vous projeter sur eux), de bien connaître vos postes et de bâtir la subtile alchimie qui fera que votre équipe sera performante parce que vos collaborateurs seront motivés.

Gérer la carrière d'un individu c'est donc trouver un équilibre entre le maintien voire l'accroissement de sa performance et son développement professionnel.

© Éditions d'Organisation

Performance

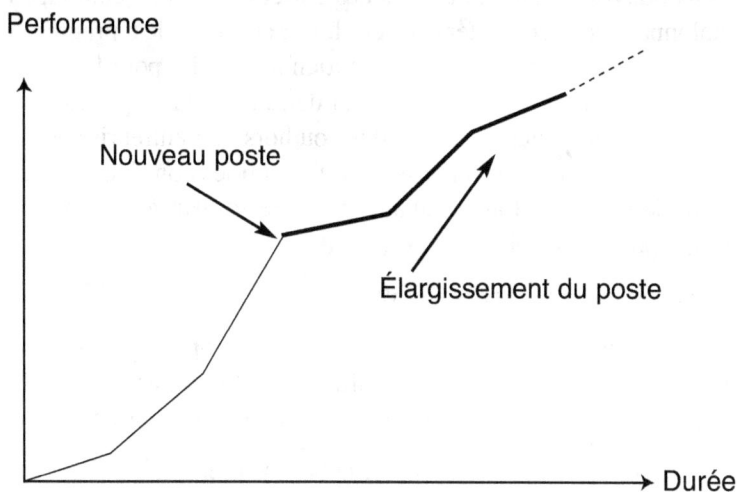

Gérer la carrière d'un collaborateur

Accroître la motivation de votre équipe et maintenir sa performance actuelle et future sont les deux raisons qui doivent vous pousser à prendre en compte la carrière de vos collaborateurs.

Si toutefois vous n'êtes pas convaincu et vous ne le faites pas, dites-vous que les meilleurs d'entre eux (ceux que vous souhaitez garder) le feront. Ils se renseigneront sur leurs possibilités de développement dans ou hors l'entreprise et viendront vous voir un jour pour vous donner leur démission ou négocier leur délai de mobilité interne. Vous serez alors démuni de tout moyen d'action, alors anticipez dès maintenant !

Comment gérer les carrières ?

• *D'abord faire le point, avoir des repères*

Pour gérer une carrière il faut d'abord savoir où en est votre collaborateur. Il faut l'amener à prendre lui-même la mesure de ses compétences, de ses possibilités. Votre rôle est donc de l'aider et de lui fournir les instruments de mesure utiles.

© Éditions d'Organisation

Vous pouvez le faire au travers des entretiens d'appréciation, en étalonnant ses compétences, en lui montrant les progrès à accomplir, puis en lui offrant le soutien nécessaire pour les réaliser. Vous pouvez aussi lui conseiller de faire un bilan professionnel. Ce dernier pourra être fait dans ou hors de l'entreprise. Mais attention, il faudra ensuite assumer avec lui les conséquences de cette démarche et l'aider autant que faire se peut à réaliser son projet professionnel.

• *Puis connaître les perspectives*

Le projet dessiné, il convient de veiller aux opportunités de le réaliser. Votre rôle est alors d'informer votre collaborateur des possibilités existant dans votre équipe, dans votre entreprise.

À cet effet, incitez-le à consulter la bourse d'emploi si elle existe, à se procurer le catalogue des métiers s'il y en a un ou dialoguer avec la DRH ou avec certains de vos collègues pour connaître les postes qui pourraient être à pourvoir.

Éventuellement conseillez-le sur ces choix, mais n'oubliez pas que le choix final doit lui revenir. Enfin lorsque le cas échéant, il partira, négociez avec lui et son futur patron les conditions de son départ.

Par les temps qui courent, un des obstacles essentiels à cette démarche est la pression sur les effectifs. Si vous laissez partir quelqu'un, vous n'êtes pas sûr de pouvoir le remplacer ou les délais de remplacement seront longs. Est-ce néanmoins un argument suffisant pour retenir quelqu'un qui, sachant que son développement professionnel est ailleurs, va voir son niveau de motivation se dégrader considérablement ?

Enfin aimeriez-vous que votre patron se comporte avec vous de cette manière ? Certainement non ! Alors ne faites pas aux autres ce que vous ne souhaitez pas que l'on vous fît et soyez une fois de plus exemplaire… ne serait-ce que pour accroître la motivation du reste de votre équipe.

© Éditions d'Organisation

• *Et à propos de votre carrière ?*

Vous êtes bien sûr en droit de vous attendre à ce que votre patron se comporte comme vous. Néanmoins, vous êtes le premier acteur de votre carrière bien avant votre responsable ou votre DRH.

Soyez vigilant, regardez dans et hors de l'entreprise, écoutez, restez disponible, remettez-vous en cause, faites un bilan professionnel, discutez avec des collègues, des anciens camarades d'école...

Et n'oubliez pas que nous exercerons tous différents métiers dans notre vie professionnelle, qu'aucune organisation ne vous sera éternellement reconnaissante et que sans projet, sans objectifs, vous vivrez professionnellement comme un bouchon sur la rivière au gré des courants, sans maîtrise sur votre devenir.

Alors devenez bateau, prenez en main votre devenir autant que faire se peut.

© Éditions d'Organisation

FAISONS LE POINT

- *Le développement des collaborateurs est une des responsabilités majeures des managers.*

- *Le développement des collaborateurs garantit la performance actuelle et la performance future de l'équipe tout en accroissant la rétribution de chacun de ses membres.*

- *La qualité du management au quotidien, l'organisation du travail, la formation et la gestion des carrières sont les quatre instruments majeurs pour faire progresser les collaborateurs.*

- *La délégation est l'un des instruments les plus performants du développement.*

- *Une organisation apprenante est ouverte sur le client, composée d'équipes de travail autonomes, caractérisée par une forte délégation avec des objectifs et des indicateurs de performance spécifiques.*

- *Pour que la formation soit un instrument utile il faut en définir, a priori, les conditions d'utilisation.*

- *En dialoguant avec vos collaborateurs, vous devez analyser leurs besoins de formation.*

- *Les objectifs fixés à des actions de formation doivent être spécifiques, mesurables et repérés dans le temps.*

- *Le cahier des charges est l'instrument de dialogue avec les formateurs.*

- *Gérer la carrière, c'est garantir la performance.*

- *La gestion de carrière doit être adaptée à chaque collaborateur et à chaque fonction.*

- *Gérer la carrière, c'est avoir des repères et fournir des perspectives.*

© Éditions d'Organisation

MES CONSEILS

⇨ *Prenez le temps nécessaire à la connaissance de chacun de vos collaborateurs directs*

- *Sachez quelles sont leurs compétences, y compris celles qu'ils n'utilisent pas aujourd'hui,*

- *Sachez, au-delà de l'argent, quels sont les éléments de rétribution qui les motivent le plus.*

⇨ *Souvenez-vous qu'il y a autant de façons de manager que de collaborateurs ! Comme vos clients, ces derniers attendent un traitement individualisé.*

⇨ *À chaque occasion de recrutement, prenez le temps d'analyser le travail de votre équipe et d'éventuellement le redéfinir.*

⇨ *Vous devez avoir (ou prendre) la responsabilité du choix d'un nouvel arrivant dans votre équipe, c'est votre décision.*

⇨ *Ne recrutez jamais votre semblable !*

⇨ *Partagez avec vos collaborateurs une vision, un projet pour votre équipe.*

⇨ *Trouvez et exprimez votre équilibre personnel entre management contractuel (objectifs) et management arbitraire.*

⇨ *Faites confiance a priori, vous pourrez ainsi plus facilement déléguer, mais exercez un contrôle sans faille.*

⇨ *Ne remettez pas à demain une décision qui (souvent) peut se prendre aujourd'hui.*

© Éditions d'Organisation

⇨ *Vos collaborateurs ont une capacité de mobilisation et de changement supérieure à celle que vous leur attribuez.*

⇨ *Évaluez, appréciez vos collaborateurs sur leurs résultats et non sur des impressions et des images.*

⇨ *Ayez le courage d'exprimer vos opinions face-à-face, exprimez clairement vos reproches.*

⇨ *Dans un entretien d'appréciation, l'« avant » et l' « après » (préparation et mise en œuvre des décisions arrêtées), sont aussi importants que le « pendant ».*

⇨ *Sachez expliquer clairement le type de contribution que vous attendez de vos collaborateurs, la manière dont vous les évaluerez et dont vous les rétribuerez.*

⇨ *Ayez le courage de concentrer vos augmentations de salaire plutôt que de les saupoudrer sur l'ensemble de votre équipe.*

⇨ *Veillez à la cohérence entre vos propos au quotidien avec vos collaborateurs et la sanction salariale que vous prendrez, soyez consistant.*

⇨ **Dans votre propre intérêt, développez vos collaborateurs.**

⇨ **En formant vos collaborateurs, vous accroissez vos propres compétences de manager.**

⇨ **Organisez le travail de façon à ce qu'il développe les compétences de l'équipe.**

⇨ **Ouvrez votre équipe à l'extérieur et faites confiance aux capacités d'adaptation de vos collaborateurs.**

⇨ **Prenez en charge votre destin professionnel, bâtissez votre projet.**

© Éditions d'Organisation

CHAPITRE 7

Se séparer d'un membre de l'équipe

La décision et sa mise en œuvre de se séparer d'un collaborateur sont parmi les actes les plus difficiles qui soient pour un patron d'équipe. Néanmoins cette décision peut s'avérer incontournable pour maintenir l'équipe en « état de performance ».

Nous n'évoquerons pas dans ce chapitre le problème des séparations pour raisons économiques. Lorsqu'une entreprise doit le faire, sa Direction des Ressources Humaines met en place des dispositifs d'information et de soutien aux managers opérationnels qui pourront, si vous vous trouvez dans cette situation, vous aider.

Ce chapitre balaiera successivement :
- les moyens à mettre en œuvre pour prévenir la séparation ;
- la prise de décision ;
- la mise en œuvre de la séparation.

© Éditions d'Organisation

Prévenir la situation

L'échec d'un collaborateur n'est jamais ou rarement soudain, c'est la fin d'un processus inscrit dans la durée.

En détectant à temps le début de ce processus, si on en a la volonté, on peut souvent interrompre son déroulement.

Causes et symptômes

Très souvent, les causes sont minimes. Ce sont de petits incidents, de petites ruptures qui, sur le moment, n'affectent que légèrement la « balance » contribution/rétribution.

Imaginons qu'un manager reproche à son collaborateur de ne pas avoir atteint un objectif qu'il ne lui avait pas clairement fixé. Ce manager n'ayant pas instauré une relation de confiance avec les membres de son équipe, son collaborateur ne pourra entrer en dialogue avec lui. Sa « balance » va se dégrader et sa motivation s'en ressentir. Une succession d'incidents de ce type qui, pris isolément, relèvent de la vie courante, va affecter largement la motivation du collaborateur.

S'il ne peut évoquer le problème avec son patron, sa frustration va s'accroître et donc sa performance diminuer. Ceci sera constaté plus ou moins rapidement par le patron qui, à juste titre, lui en fera la remarque.

Ceci provoquera à nouveau une frustration du collaborateur, une chute du niveau de « reconnaissance » par son patron, donc une diminution de la rétribution perçue et donc par voie de conséquence une baisse du niveau de motivation... On voit bien la spirale « négative » dans laquelle s'installe le collaborateur.

Elle aboutit à une motivation faible qui provoquera la marginalisation progressive du collaborateur. Il se verra en effet confier des tâches de moins en moins valorisantes et qualifiantes, son niveau

© Éditions d'Organisation

de compétence diminuera, une paupérisation progressive de ses savoir-faire s'installera et ce, jusqu'à le conduire à ne plus pouvoir répondre au niveau d'exigence minimum de l'entreprise.

Ce processus peut durer longtemps, plusieurs mois voire plusieurs années. Il peut être installé sciemment ou non.

Il peut être interrompu par le collaborateur qui, conscient de la situation qui s'installe, réagit et trouve une nouvelle possibilité d'expression de ses talents dans un autre service ou dans une autre entreprise.

De mon point de vue, tout collaborateur a un potentiel de développement de ses compétences. L'organisation du travail qui lui sera proposée, le management auquel il sera soumis, seront des facteurs d'accroissement ou d'appauvrissement de ses savoir-faire.

L'entreprise va donc, par ses pratiques et ses modes de management, accroître ou diminuer son potentiel d'intelligence.

La nature a été injuste et les capacités de chacun sont bien sûr inégales. Certains pourront mener à bien des tâches complexes, d'autres devront se cantonner à des tâches simples. Les missions à mener dans l'entreprise ne sont pas toutes complexes et ne se complexifieront pas sans cesse. L'informatisation conduit même, parfois, à récréer des emplois de faible qualification.

Développer une grande qualité du management de proximité, demander à chaque chef d'équipe d'être vigilant aux petites ruptures et cassures pour les traiter rapidement, réaffecter les collaborateurs en fonction de leurs capacités, sont les actes quotidiens qui doivent permettre d'éviter d'aboutir à des situations d'inadaptation telles que seule la rupture devient la solution.

© Éditions d'Organisation

Anticiper l'évolution des emplois et des compétences

Plusieurs fois au cours de cet ouvrage, nous avons évoqué l'é-volution des compétences requise par la nouvelle donne concur-rentielle. Le chapitre précédent a été consacré aux moyens de développer les compétences des collaborateurs. Lorsque l'écart est important, il est néanmoins souvent possible de le combler, sous réserve d'avoir du temps, donc d'avoir anticipé. Ceci peut être réalisé de deux manières :

1° En essayant *d'anticiper l'évolution des emplois* tant au niveau quantitatif qu'au niveau qualitatif. À savoir chercher à déter-miner le nombre de postes requis en fonction d'un niveau d'activité projeté, d'un niveau d'informatisation possible et d'un mode d'organisation donné.

En conséquence, il faut également analyser l'évolution des compétences nouvelles attendues dans l'équipe et leur mode de répartition afin de définir les contours possibles des emplois futurs.

Ces analyses conduites, vous mettez « en face » vos équipes actuelles, leur forme d'organisation, les compétences maîtri-sées et vous essayez d'estimer les écarts, le chemin à parcou-rir. À l'aide d'experts en formation ou en reconversion, vous pouvez alors bâtir des programmes d'accompagnement per-mettant à vos collaborateurs *d'anticiper* les évolutions.

C'est souvent plus une affaire de volonté que de moyens. De nombreux exemples montrent que ce type de problème, traité à temps, est réglé avec un taux de succès très élevé.

La réussite repose sur l'annonce clairement faite aux collabo-rateurs concernés que, faute d'un effort de formation conjoint de l'entreprise et d'eux-mêmes, leur emploi est menacé.

© Éditions d'Organisation

Ces opérations peuvent bien sûr être menées au niveau de l'entreprise, mais leur efficacité est souvent plus grande lorsqu'elles sont réalisées au niveau d'une équipe ou d'un service. Elles requièrent plus de volonté et de bon sens qu'une grande technicité.

2° En essayant de repérer *les collaborateurs potentiellement les plus menacés* par les évolutions en cours car leur nature représente un risque particulier quand à leur capacité d'adaptation.

Les membres de votre équipe qui auraient un niveau de formation initiale relativement faible, n'ayant été compensé ni par une mobilité professionnelle importante (facteur d'apprentissage), ni par une formation complémentaire significative risquent d'être en danger demain.

En effet, tous les emplois dans les années à venir auront une forte dimension de communication, feront appel à la manipulation d'abstractions (courbes sur un écran, statistiques, représentations virtuelles d'un phénomène...) et nécessiteront une importante capacité à coopérer dans la mesure où la complexité des problèmes ne pourra être prise en compte par un individu seul.

Aussi, de deux choses l'une :

1° Ou bien dans votre entreprise les évolutions attendues de l'emploi ont été repérées, comme nous l'avons évoqué dans le paragraphe précédent, et vous utilisez les programmes *ad hoc* construits pour accompagner l'évolution de ceux de vos collaborateurs que vous jugez « sensibles » ;

2° Ou ce travail n'a pas été réalisé et vous essayez de proposer à cette catégorie de collaborateurs des formations leur permettant de retrouver le goût d'apprendre, le goût du progrès... puis de les engager dans des programmes diplômants ou « certifiants » afin de les préparer à manipuler des abstractions et leur donner le minimum de confiance nécessaire en eux pour entrer en relation et en coopération avec les autres.

© Éditions d'Organisation

Si de tels programmes existent au sein de votre entreprise, il est de votre devoir de patron d'équipe d'inciter les collaborateurs dont vous pensez qu'ils en ont besoin à y participer même si ceci représente un investissement temps élevé.

Sinon adressez-vous à votre responsable de formation ou à défaut à un conseil en formation ou à un GRETA[1] afin de trouver la meilleure solution possible.

Toutefois si les moyens de prévention qui viennent d'être évoqués n'ont pas permis d'anticiper suffisamment les problèmes et que l'un ou plusieurs de vos collaborateurs ne remplissent pas leur mission, n'atteignent pas leurs objectifs de manière durable, il convient d'envisager de vous en séparer.

Prendre la décision

Vous allez décider sur des faits et non sur des impressions ou des sentiments.

Prenons l'exemple d'une insuffisance de résultats. Lorsque vous aurez repéré les signes persistants d'une mauvaise performance ou d'une incapacité à assumer la mission, vous allez provoquer un entretien avec votre collaborateur.

Vous allez lui dire **clairement** les choses, lui expliquer ce qui de votre point de vue « ne va pas », vous l'écouterez, également, vous donner sa vision du problème et rechercherez en commun des solutions pour sortir de cette mauvaise situation.

C'est ainsi que vous allez bâtir un plan de redressement avec des objectifs précis, des indicateurs d'atteinte, repérés dans le temps. Ce plan comprendra explicitement les moyens d'aide spécifiques que vous allez mettre à la disposition du collaborateur en difficulté.

---

1. Groupement d'établissement de l'Éducation Nationale.

© Éditions d'Organisation

Ce plan de redressement sera écrit et lui sera communiqué. Il comprendra notamment des points d'étapes intermédiaires.

Si le collaborateur ne redresse pas la situation et si vous aviez effectivement mis en œuvre l'aide que vous aviez prévue, reprenez un rendez-vous avec lui, faites le point. Redonnez des objectifs à plus court terme en indiquant, que s'ils ne sont pas atteints, vous envisagez de mettre un terme à votre coopération recherchant, si cela est possible un autre emploi ailleurs dans l'entreprise ou en mettant fin à son contrat de travail.

Là encore, vous confirmez les conclusions de votre entretien par écrit.

Il faut du courage pour mener cette démarche car il n'est pas facile de dire face-à-face des choses désagréables. Cela va peser sur l'ambiance de votre équipe. Enfin vous aurez peut-être des interventions de représentants du personnel qui, conformément à leur mission et à leurs droits, chercheront à protéger la personne dont vous menacez l'emploi.

Si votre décision est juste et équitable et que vous faites l'effort de bien la communiquer, les collaborateurs la comprendront, l'admettront... même s'ils ne peuvent vous le manifester directement et en public.

Il va de soi que lorsqu'il s'agit d'envisager un licenciement pour faute, vous n'avez pas à prendre les mêmes précautions vis-à-vis du collaborateur fautif. Si les règles du jeu étaient claires et que ce dernier les a sciemment transgressées, alors il convient de sanctionner immédiatement. Il s'agit d'un problème d'équité à l'égard des autres collaborateurs, qui eux respectent les règles fixées.

En attendant les résultats de cette ultime période que vous avez laissée à votre collaborateur, préparez-vous à aller, le cas échéant, jusqu'au bout. Prenez contact avec votre Direction des Ressources Humaines ou avec un avocat spécialisé en droit du

© Éditions d'Organisation

travail. Ils vous aideront à préparer votre dossier au plan de la forme, du droit[1].

Si vous devez procéder à un licenciement pour raisons non économiques, sachez qu'il y a deux catégories : le licenciement non fondé sur une faute du salarié et le licenciement pour faute ou pour raison disciplinaire.

Dans les deux cas de figure, qui sont sur l'initiative de l'employeur, il faut que la rupture soit fondée sur un motif « réel », existant, constaté et « sérieux », c'est-à-dire revêtant une gravité suffisante pour qu'elle rende impossible la poursuite de la collaboration avec le salarié incriminé.

Le licenciement non fondé sur une faute du salarié peut s'appuyer sur plusieurs causes mais les plus fréquentes sont l'insuffisance professionnelle, l'insuffisance de résultats, la non atteinte d'objectifs sous réserve que les objectifs aient été parfaitement connus et réalisables, la perte de confiance.

Le licenciement pour faute ou pour raisons disciplinaires est la sanction formelle ultime résultant d'une faute du salarié. L'avertissement, le blâme, la mise à pied peuvent précéder le licenciement, le cas échéant.

Il faudra prouver le caractère « réel et sérieux » de la faute et c'est sur ce terrain que se situent la plupart des conflits portés devant le tribunal des prud'hommes.

Il y a une gradation dans la gravité de la faute, depuis la faute simple commise par le salarié sans mauvaise foi et intention de nuire, en passant par la faute grave jusqu'à la faute lourde où l'intention de nuire du salarié vis-à-vis de l'employeur est constatée. Les fautes peuvent être des absences injustifiées, des

---

1. Vous trouverez des indications précieuses et claires sur ces sujets dans le livre de Jean-Paul Antona *La rupture du contrat de travail guide juridique et pratique*, publié aux Éditions d'Organisation.

© Éditions d'Organisation

injures, du dénigrement, des violences entre employés, de l'insubordination, du vol...

Mettre en œuvre la décision

Si au bout du délai de redressement que vous avez accordé à votre collaborateur, il n'a toujours pas redressé la barre, ou s'il commet de manière patente une faute, vous devez engager la procédure de séparation.

En fonction de votre évaluation de la situation, de la nature du différend que vous avez avec le collaborateur que vous souhaitez écarter, et dans la mesure de vos moyens, vous pouvez plus ou moins intervenir dans la recherche d'une solution de nouvel emploi pour ce dernier.

En cas de mobilité interne, en liaison avec la DRH, vous pouvez rechercher une solution en prenant contact avec d'autres collègues, chefs d'équipe. Mais ne cachez pas la situation, ne jouez pas au « mistigri » en renvoyant aux autres vos problèmes.

En cas de départ de l'entreprise, vous pouvez proposer à votre collaborateur l'aide d'un « *outplacer* », consultant spécialisé qui accompagne les personnes en recherche d'emploi.

Cette aide peut s'avérer extrêmement efficace dans le cas de personnes peu rompues à la recherche d'un emploi, ou ayant un profil particulier. Contrairement à une idée communément répandue, cette aide ne se limite pas forcément aux cadres.

Si vous devez aboutir à un départ de l'entreprise, gérez-le en liaison avec votre Direction des Ressources Humaines ou votre avocat-conseil en droit du travail.

La démarche à suivre, dans le cas de salariés non protégés (à savoir essentiellement qui ne sont pas représentants élus du personnel) est schématiquement la suivante :

© Éditions d'Organisation

Vous devez signifier à votre collaborateur par lettre recommandée que vous souhaitez le recevoir en entretien à telle date en vue de procéder à son licenciement. Il peut se faire accompagner d'un collaborateur de l'entreprise de son choix ou d'une personne extérieure en cas d'absence d'institution représentative du personnel dans l'entreprise.

L'entretien doit se dérouler dans « un délai raisonnable » après l'envoi de la lettre lorsqu'il y a dans l'entreprise des institutions représentatives du personnel, ou après un délai de cinq jours ouvrables dans le cas contraire.

Au cours de l'entretien vous devez lui signifier les griefs, les faits qui vous ont amené à envisager son licenciement et écouter sa version des faits ainsi que les arguments plaidant en sa faveur. À l'issue de cet entretien et d'une période de réflexion d'au minimum vingt-quatre heures, si vous persistez dans votre décision, vous notifiez par écrit le licenciement à votre collaborateur par lettre recommandée en rappelant les motifs ainsi que la datation précise des faits reprochés au salarié.

Tenez vos autres collaborateurs directs informés de ce qui se passe. Il ne s'agit pas de mettre la séparation sur la place publique mais de donner un minimum d'information sur ce qu'il advient d'un membre de l'équipe. Encore une fois si votre décision est juste, il y a de fortes chances pour que vos collaborateurs, au fond d'eux, vous approuvent, sans pour autant le manifester.

© Éditions d'Organisation

FAISONS LE POINT

- *L'échec d'un collaborateur n'est jamais soudain. La cause initiale est souvent une petite rupture mal gérée.*

- *La qualité du management quotidien de proximité est la meilleure prévention à l'échec.*

- *Il est important d'agir préventivement en anticipant sur les évolutions des emplois et compétences, en suivant les collaborateurs « sensibles ».*

- *Dans le cas d'insuffisance de résultats, avant de prendre la décision de séparation, il faut construire avec le collaborateur un plan de remise en ligne.*

- *En cas d'échec ou de faute de ce dernier, n'hésitez pas à prendre la décision de séparation en dépit des ennuis qu'elle peut vous provoquer.*

- *Pour mettre en œuvre la décision de séparation, rapprochez-vous de votre direction des ressources humaines ou d'un conseil spécialisé en Droit du travail.*

© Éditions d'Organisation

MES CONSEILS

⇨ *Prenez le temps nécessaire à la connaissance de chacun de vos collaborateurs directs*

   • *Sachez quelles sont leurs compétences, y compris celles qu'ils n'utilisent pas aujourd'hui,*

   • *Sachez, au-delà de l'argent, quels sont les éléments de rétribution qui les motivent le plus.*

⇨ *Souvenez-vous qu'il y a autant de façons de manager que de collaborateurs ! Comme vos clients, ces derniers attendent un traitement individualisé.*

⇨ *À chaque occasion de recrutement, prenez le temps d'analyser le travail de votre équipe et d'éventuellement le redéfinir.*

⇨ *Vous devez avoir (ou prendre) la responsabilité du choix d'un nouvel arrivant dans votre équipe, c'est votre décision.*

⇨ *Ne recrutez jamais votre semblable !*

⇨ *Partagez avec vos collaborateurs une vision, un projet pour votre équipe.*

⇨ *Trouvez et exprimez votre équilibre personnel entre management contractuel (objectifs) et management arbitraire.*

⇨ *Faites confiance a priori, vous pourrez ainsi plus facilement déléguer, mais exercez un contrôle sans faille.*

⇨ *Ne remettez pas à demain une décision qui (souvent) peut se prendre aujourd'hui.*

© Éditions d'Organisation

➪ *Vos collaborateurs ont une capacité de mobilisation et de changement supérieure à celle que vous leur attribuez.*

➪ *Évaluez, appréciez vos collaborateurs sur leurs résultats et non sur des impressions et des images.*

➪ *Ayez le courage d'exprimer vos opinions face-à-face, exprimez clairement vos reproches.*

➪ *Dans un entretien d'appréciation, l'« avant » et l'« après » (préparation et mise en œuvre des décisions arrêtées), sont aussi importants que le « pendant ».*

➪ *Sachez expliquer clairement le type de contribution que vous attendez de vos collaborateurs, la manière dont vous les évaluerez et dont vous les rétribuerez.*

➪ *Ayez le courage de concentrer vos augmentations de salaire plutôt que de les saupoudrer sur l'ensemble de votre équipe.*

➪ *Veillez à la cohérence entre vos propos au quotidien avec vos collaborateurs et la sanction salariale que vous prendrez, soyez consistant.*

➪ *Dans votre propre intérêt, développez vos collaborateurs.*

➪ *En formant vos collaborateurs, vous accroissez vos propres compétences de manager.*

➪ *Organisez le travail de façon à ce qu'il développe les compétences de l'équipe.*

➪ *Ouvrez votre équipe à l'extérieur et faites confiance aux capacités d'adaptation de vos collaborateurs.*

© Éditions d'Organisation

⇨ *Prenez en charge votre destin professionnel, bâtissez votre projet.*

⇨ **En prenant soin au quotidien de vos collaborateurs, vous évitez des échecs futurs pour certains d'entre eux.**

⇨ **Lorsque vous constatez que l'un de vos collaborateurs n'atteint pas ses objectifs de manière récurrente ou transgresse les règles du jeu ; n'hésitez pas, après l'avoir averti et avoir cherché à l'aider pour corriger le tir, à vous en séparer. C'est un problème d'équité vis-à-vis des autres membres de l'équipe.**

⇨ **Pour mettre en œuvre un licenciement, rapprochez-vous de votre direction des ressources humaines ou d'un conseil spécialisé en Droit du travail.**

© Éditions d'Organisation

CHAPITRE 8

Informer et communiquer

Un des facteurs de compétitivité de l'entreprise, aujourd'hui et encore plus demain, est la fluidité et la qualité de l'information reçue et traitée.

Votre équipe ne peut être innovante que si elle capte de l'information venant du « dehors ». Elle ne peut savoir si elle progresse vers l'objectif fixé que si elle reçoit et sait interpréter les informations utiles relatives au plan de marche, elle ne peut se situer par rapport au marché que si elle sait retenir et interpréter les informations que ce dernier lui fournit...

Bref, l'information est vitale pour la performance continue de votre équipe.

Si par hasard vous faisiez encore partie de ceux qui pensent que retenir de l'information est un moyen de garder du pouvoir, songez à la masse d'informations que vous recevez, au même titre que les membres de votre équipe par l'extérieur de votre entreprise ou de votre service, pensez à la puissance de « radio

© Éditions d'Organisation

moquette », « *radio machines à café* », *des rumeurs, des bruits de couloirs... et surtout ayez la curiosité d'aller sur Internet et réfléchissez à quel point demain, l'information sera abondante et circulera vite.*

Prenez donc l'initiative, informez vos collaborateurs, donnez du sens à l'information reçue et organisez la communication au sein de vos équipes.

Dans ce chapitre nous allons successivement examiner :

– les problèmes liés à l'information,
– les moyens de développer la communication au sein de l'équipe.

© Éditions d'Organisation

L'information

L'information consiste à mettre des gens, les collaborateurs en relation avec des faits, des données utiles à leurs activités et à leur développement ; la communication vise à mettre des gens en relation avec des gens, vise à faire en sorte que dans l'équipe les collaborateurs se parlent et vous parlent.

Dans toutes les enquêtes d'opinion internes, dans tous les séminaires, les salariés se plaignent de la qualité de l'information. Il y en a trop, pas assez, elle arrive trop tard, elle n'est pas fiable, elle est manipulée, elle n'est pas claire…

Dans le monde actuel, l'information est abondante, la difficulté est d'avoir à temps l'information pertinente et de savoir l'interpréter.

Quelle quantité d'information diffuser ?

Si vous diffusez ou recevez trop d'information, vous n'avez plus le temps de la lire et *a fortiori* de la traiter. De plus il est probable que la pertinence de ce qui est reçu soit relativement faible.

Mais si vous retenez de l'information vis-à-vis de vos collaborateurs, ils vont un jour vous accuser de censure.

L'objectif à atteindre est que vos collaborateurs aient l'information externe et interne nécessaire à la compréhension et au pilotage de leur activité.

Je vous conseille donc d'opérer un double mouvement apparemment contradictoire : être exhaustif et sélectionner.

A) *Sélectionnez* l'information utile à l'activité de chaque membre ou chaque sous-ensemble de votre équipe pour leur mettre à disposition rapidement. Au besoin, ajoutez votre commentaire ou votre opinion.

© Éditions d'Organisation

Par exemple, si vous êtes dans un grand groupe, il est de coutume de diffuser les résultats annuels consolidés en s'appuyant sur un dossier souvent volumineux dans un souci d'exhaustivité.

Votre collaborateur n'attend pas de vous que vous lui fournissiez tous les éléments détaillés de la consolidation, mais il souhaite :

- avoir une idée de comment va « son » groupe ;

- se fixer sur deux ou trois chiffres-clés pour pouvoir présenter son entreprise à l'extérieur ;

- et enfin faire un lien entre la contribution et les résultats de votre équipe et ceux de l'ensemble de l'entreprise ou du groupe.

Pour présenter ce type d'information, faites des choix délibérés parmi les informations qui vous sont fournies.

B) *Soyez exhaustif* en mettant quelque part à disposition de vos collaborateurs la *totalité* des informations dont vous disposez.

À cet effet vous pouvez créer un coin « bibliothèque » en y stockant de manière indexée, par thème, tout ce que vous recevez. Ainsi chacun de vos collaborateurs pourra s'il le souhaite avoir accès à la « totalité » de l'information.

Ce faisant :

- vous ne pourrez pas être accusé d'être un censeur ;

- vous ne noierez pas l'ensemble de votre équipe sous une masse de données ;

- vous indiquerez clairement à vos collaborateurs qu'ils doivent aussi avoir une attitude active de recherche de l'information.

L'utilisation des moyens actuels de communication tels les réseaux facilite grandement cette approche du partage intelligent de l'information.

© Éditions d'Organisation

Mais elle rend d'autant plus nécessaire un travail de traitement et d'indexation, car si vous êtes en réseau électronique depuis un certain temps, vous avez constaté que nous pouvons facilement passer des heures à répondre ou réexpédier des messages sans pour autant créer de la valeur.

Votre rôle en tant que manager est donc de veiller à ce que vos collaborateurs reçoivent l'information utile au pilotage de leur activité, que vous allez donc sélectionner et éventuellement commenter. Puis vous allez ordonner, classer les informations que vous recevez pour les mettre à disposition de tous les membres de votre équipe sous forme de « bibliothèque » où ils pourront aller la consulter.

Donner du sens aux informations diffusées

Vous savez que l'une de vos missions essentielles est de « fabriquer » du sens pour vos collaborateurs. C'est-à-dire leur donner une perspective, leur proposer un projet... l'information doit être diffusée par vos soins en étant à chaque fois resituée par rapport à ce contexte.

Lorsque vous donnerez ou transmettrez les résultats de l'entreprise, sélectionnez les informations qui font « sens » par rapport au projet que vous avez proposé à votre équipe.

Lorsque que vous donnerez des tableaux de bord, mettez les chiffres en perspective, donnez-leur de la « chair ». N'oubliez pas qu' « on ne fait pas rêver avec un taux de croissance ». Un résultat chiffré est le fruit d'actions menées par les uns ou les autres dans l'équipe, peut témoigner d'un choix qui a été difficile à faire, est une étape vers un autre objectif... bref s'inscrit dans une histoire qu'il convient de rappeler.

Il en va de même lorsque vous fixerez des objectifs. Votre patron vous a donné des missions dont l'atteinte se mesurera au travers d'un certain nombre d'indicateurs chiffrés. Ces données ne peu-

© Éditions d'Organisation

vent être directement transmises à vos collaborateurs. Comme l'illustre le schéma ci-après, vous devez transformer les indicateurs de mesure de vos propres objectifs en mission pour vos collaborateurs afin de mettre en perspective leurs objectifs chiffrés.

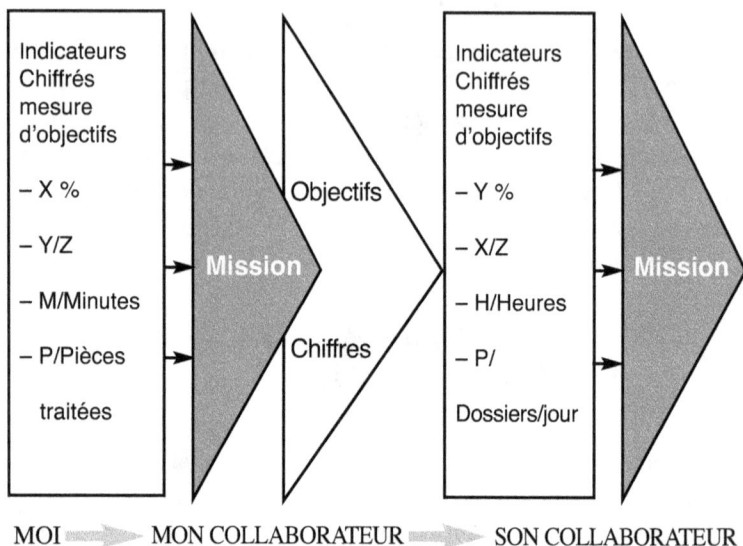

Indicateurs Chiffrés mesure d'objectifs		Indicateurs Chiffrés mesure d'objectifs	
– X %	Objectifs	– Y %	
– Y/Z	Mission	– X/Z	Mission
– M/Minutes		– H/Heures	
– P/Pièces	Chiffres	– P/	
traitées		Dossiers/jour	

MOI ➤ MON COLLABORATEUR ➤ SON COLLABORATEUR

Faciliter la circulation de l'information

Une équipe qui fonctionne bien est irriguée par l'information. Celle-ci circule aussi bien de haut en bas que de bas en haut que latéralement.

Vos collaborateurs ont, ensemble, plus d'informations à vous donner que vous n'avez, seul, à leur donner. Si vous initiez le mouvement de haut en bas, il est très probable que vous n'aurez aucun problème pour que l'information vous remonte.

C'est à vous de dire ce qui vous intéresse, à maintenir une qualité d'écoute permanente et à montrer de temps à autre ce que vous faites de l'information que l'on vous a donnée. Si votre équipe a le sentiment d'être écoutée mais de ne jamais être entendue, elle cessera un jour de vous donner toute information utile.

© Éditions d'Organisation

Il convient aussi de montrer que vous n'êtes pas le centre de l'équipe (si vous en êtes convaincu…) en matière de circulation de l'information. Avez-vous vraiment besoin de tout savoir sur tout et de « perdre » votre temps à répartir sur certains collaborateurs des informations qui vous ont été données par d'autres ?

Incitez les membres de votre équipe à s'échanger directement les informations et données utiles sans passer par vous, vérifiez que chacun dans l'équipe connaît les besoins des autres et renvoyez immédiatement vers le bon destinataire l'information qui vous parviendrait à tort.

Privilégier la rapidité de circulation de l'information

La rapidité de circulation de l'information est aujourd'hui un élément déterminant dans le succès d'une entreprise, d'une équipe. Tout simplement parce que le rythme des changements est plus élevé et aussi parce que les technologies nouvelles permettent une grande fluidité de l'information. Il est même aujourd'hui vital de faire le tri entre ce qui est vraiment urgent et ce qui ne l'est pas !

Vous devez donc veiller à ce que l'information pertinente et utile circule vite. La rapidité est parfois plus importante que la fiabilité à 100 %, elle est en tout cas plus importante que la forme !

Réexpédier un fax, annoter à la main la copie d'un mémo ne sont probablement pas satisfaisants sur la forme mais sont plus rapides et suffisants sur le fond.

Quelques commentaires à propos du secret !

L'un des obstacles fréquemment cité à une bonne circulation de l'information est sa confidentialité.

© Éditions d'Organisation

Certes un certain nombre d'informations sont vraiment confidentielles comme par exemple, un projet d'acquisition ou de vente de tout ou partie d'une entreprise, des données sur les collaborateurs... mais à bien y réfléchir, nous avons très peu l'occasion de manipuler de l'information *vraiment* secrète.

Cependant, certains d'entre nous n'aiment pas l'admettre car recevoir de temps en temps un courrier ou un message « confidentiel » peut leur donner l'impression d'être important.

Ne soyez pas de ceux-là, ne gardez le secret ou l'embargo que sur les informations qui méritent vraiment d'être traitées comme telles.

Les supports possibles

Le choix du support de l'information dépend de considération de coûts, de nature d'information à véhiculer, de la fréquence et de la rapidité nécessaire et, le cas échéant, de la cible à toucher.

Pour vous aider à faire votre choix, vous pouvez vous rapprocher de la Direction de la Communication ou prendre langue avec un consultant spécialisé en la matière.

Le support le plus rapide est évidemment le support électronique qui peut être utilisé sous plusieurs formes : messagerie, journal télématique, message à un ensemble de collaborateurs ou à un collaborateur accompagné d'un commentaire spécifique de votre part, voire d'un fichier, ou d'un renvoi à une base de données – bibliothèque – commune...

Le support le plus demandé et apprécié par les collaborateurs est l'entretien face-à-face qui permettra de poser des questions, d'échanger et bien évidemment de personnaliser l'information. Son inconvénient est qu'il est très consommateur de temps.

Un des supports les plus fréquents, mais pas forcément le mieux utilisé, est la réunion de service. Au regard de l'information, son

© Éditions d'Organisation

efficacité n'est optimale que lorsque toute votre équipe est à pied d'égalité sur une information à recevoir. Sinon certains participants perdront leur temps et vous aurez des difficultés à affiner vos commentaires.

N'oubliez pas qu'aujourd'hui la vidéo-conférence n'est pas très coûteuse et peut être un parfait support pour une réunion d'information à distance.

Dans notre culture, l'écrit classique sous toutes ses formes reste le média d'information le plus utilisé.

Note de service, journal interne, tableau de bord, tableaux de réalisation sont autant de supports que l'on peut trouver dans toutes entreprises. L'écrit revêt un côté formel, les écrits restent les paroles s'envolent dit l'adage (il fait d'ailleurs foi sur le plan juridique), il sert souvent de référence mais il peut être lent, ennuyeux donc inutile car non lu ou en retard.

Si vous devez l'utiliser, penser d'abord aux destinataires plus qu'à vous. Beaucoup de publications internes sont trop centrées sur le discours de l'institution, sur ce que le chef d'équipe pense devoir dire sans se préoccuper de la compréhension que peuvent en avoir les lecteurs. Utilisez donc les mots de vos collaborateurs plutôt que les vôtres et n'hésitez pas à faire appel à des illustrations, à des images que l'on retient plus qu'un long texte.

L'affichage est à cet égard un moyen encore peu utilisé et qui dans certaines circonstances est très efficace, notamment par sa permanence et sa souplesse.

Enfin le téléphone, bien utilisé, peut être un moyen d'information rapide y compris sous forme de réunions téléphoniques rendues possibles par les installations actuelles.

© Éditions d'Organisation

La communication

Développer le dialogue au sein de l'équipe, faire en sorte que vos collaborateurs coopèrent les uns avec les autres sont devenus des enjeux majeurs du bon fonctionnement de votre équipe.

Les formes actuelles d'organisation du travail, la complexité croissante des problèmes qui fait que plus personne ne peut prétendre traiter seul la totalité d'un problème, nécessitent un haut niveau d'échange au sein de votre équipe.

D'expérience nous savons que communiquer demande de la vigilance pour réduire les écarts entre :

• ce que nous voulons dire ;

• ce que nous disons ;

• ce que l'autre écoute ;

• ce qu'il comprend ;

• ce qu'il retient ou fait.

L'objectif poursuivi est de réduire les écarts possibles entre ce que je veux dire et ce que l'autre fait.

Afin de développer la communication dans votre équipe vous devez veiller à :

1° clarifier les rôles et missions de chacun ;

2° instaurer un climat de confiance ;

3° donner le droit à l'erreur ;

4° mettre en œuvre et développer chez vos collaborateurs des attitudes et méthodes facilitant la communication.

© Éditions d'Organisation

Clarifier les rôles
et missions de chacun

Pourquoi développerais-je une coopération avec quelqu'un si je le perçois comme une menace ou comme mon ennemi ? Vous devez donc éviter au maximum des situations de ce type au sein de votre équipe.

Vous y parviendrez en créant un sentiment de solidarité, par la promotion d'un projet et d'objectifs communs, mais aussi en instaurant un système de rémunération en partie basé sur des objectifs collectifs.

En cas de conflits de territoire, vous devrez arbitrer vite et expliquer votre arbitrage. Mais si vous avez mis en place un bon esprit de coopération, il est probable que la régulation de l'essentiel des conflits se fera d'elle-même.

Instaurer un climat de confiance

Sans confiance entre les membres d'une équipe, le niveau de communication sera faible et la coopération limitée.

Pour qu'une organisation humaine fonctionne sans confiance, il faut contractualiser les relations, écrire des règles, prévoir des processus de gestion des conflits… bref rigidifier l'organisation.

Vous devez donc instaurer un climat de confiance dans votre équipe. Par rapport à ce défi deux attitudes sont possibles :

• La première, la plus répandue, est de considérer que la confiance dans l'entreprise est quelque chose qui se gagne tous les jours, qui se construit à partir d'actes précis. En poussant le raisonnement à l'extrême, on pourrait considérer que lorsque l'on prend une nouvelle équipe, nous n'accordons à nos collaborateurs aucune confiance, elle sera construite au quotidien, pas à pas.

© Éditions d'Organisation

• La seconde serait de considérer que la confiance étant un moteur important du bon fonctionnement de l'équipe, elle sera d'emblée accordée. Ce serait une sorte de capital initial que l'on devrait bien entendu entretenir au cours du temps faute de quoi il pourrait se dégrader.

Je vous recommande de prendre la deuxième attitude, d'indiquer à vos collaborateurs que vous leur faites d'entrée confiance, en définissant ce que ceci veut dire pour vous et en indiquant comment vous contrôlerez que votre confiance est bien placée.

N'oubliez pas que faire confiance, n'est pas démissionner et nécessite donc de mettre en place des mécanismes de contrôle au sens où il a déjà été évoqué dans cet ouvrage.

Donner le droit à l'erreur

Un autre des corollaires de la confiance est l'autonomie et le droit à l'erreur qui lui est assorti.

Tout le monde se trompe et peut se tromper. Lorsqu'une erreur est constatée dans votre équipe, la première question à se poser est de savoir pourquoi et comment faire pour qu'elle ne se reproduise pas plutôt que de s'évertuer à identifier qui l'a commise.

Bien sûr, droit à l'erreur ne signifie pas impunité et si l'un de vos collaborateurs reproduit trop souvent les mêmes erreurs, il convient de le sanctionner.

Développer des attitudes communicantes

Il existe des méthodes et techniques pour améliorer les talents de communiquant de vos collaborateurs ou les vôtres. Interrogez votre responsable formation, il vous proposera des solutions pertinentes en fonction de vos besoins.

© Éditions d'Organisation

Mais ne vous trompez pas d'approche, les techniques ne porteront leurs fruits que si vous avez instauré un climat propice au développement de la communication au sein de votre équipe.

Vous pourrez ainsi développer la communication verbale en :

• entraînant vos collaborateurs à savoir poser des questions. Vous pouvez d'ailleurs à cet effet vous appuyer sur les savoir-faire des vendeurs et sur les techniques de négociation ;

• les habituant à la reformulation pour vérifier la compréhension ou à la relance (qu'entendez-vous par ce mot ? pouvez-vous être plus précis sur ce point ?…) ;

• perfectionnant leurs capacités d'expression en public. Avec quelques attitudes et réflexes de base (comme par exemple ne jamais tourner le dos à son public même pour lire un tableau projeté…) vous pourrez améliorer leurs performances.

La communication écrite pourra également être travaillée. Savoir quand utiliser l'écrit (pour dépasser des impressions, fixer les idées, résumer des points d'accord ou de désaccord…), se servir des mots justes, calibrer une note en fonction de son interlocuteur.

Vous leur ferez prendre conscience de la communication non verbale. L'attitude corporelle, la gestuelle sont entre autres des moyens de communication puissants… et permanents !

Enfin vous pourrez leur apprendre à développer leur capacité d'écoute. Fondée sur le respect d'autrui, l'écoute consiste à essayer de comprendre authentiquement ce que l'autre vous dit. Pour ce faire nous devons être patients (ne pas couper la parole), curieux, humble (ne pas être persuadé de toujours avoir raison) et avoir une attitude dite d'écoute « active » par laquelle notre interlocuteur sent et voit que nous nous intéressons à lui.

Et dans ce domaine, comme dans les autres, vous devrez montrer l'exemple !

© Éditions d'Organisation

FAISONS LE POINT

- L'information, c'est mettre des gens en relation avec des faits utiles à leur activité et à leur développement.

- L'information est vitale pour la performance continue de votre équipe.

- Pour que l'information reçue soit utile à vos collaborateurs, vous devez à la fois la sélectionner et être exhaustif.

- Il faut donner du sens aux informations diffusées.

- Pour être utile, l'information doit circuler rapidement dans l'équipe,

- Le choix du support dépend de la nature de l'information à diffuser, de la fréquence, du coût et de la cible.

- La communication c'est mettre en rapport des gens avec des gens.

- La communication ne fonctionne dans une équipe que si les rôles de chacun sont clairs, la confiance règne, le droit à l'erreur est accepté.

- La qualité de la communication au sein d'une équipe peut être améliorée par le développement des compétences en écoute, communication verbale, écrite et non verbale.

© Editions d'Organisation

MES CONSEILS

⇨ *Prenez le temps nécessaire à la connaissance de chacun de vos collaborateurs directs*

   • *Sachez quelles sont leurs compétences, y compris celles qu'ils n'utilisent pas aujourd'hui,*

   • *Sachez, au-delà de l'argent, quels sont les éléments de rétribution qui les motivent le plus.*

⇨ *Souvenez-vous qu'il y a autant de façons de manager que de collaborateurs ! Comme vos clients, ces derniers attendent un traitement individualisé.*

⇨ *À chaque occasion de recrutement, prenez le temps d'analyser le travail de votre équipe et d'éventuellement le redéfinir.*

⇨ *Vous devez avoir (ou prendre) la responsabilité du choix d'un nouvel arrivant dans votre équipe, c'est votre décision.*

⇨ *Ne recrutez jamais votre semblable !*

⇨ *Partagez avec vos collaborateurs une vision, un projet pour votre équipe.*

⇨ *Trouvez et exprimez votre équilibre personnel entre management contractuel (objectifs) et management arbitraire.*

⇨ *Faites confiance a priori, vous pourrez ainsi plus facilement déléguer, mais exercez un contrôle sans faille.*

⇨ *Ne remettez pas à demain une décision qui (souvent) peut se prendre aujourd'hui.*

© Éditions d'Organisation

⇨ *Vos collaborateurs ont une capacité de mobilisation et de changement supérieure à celle que vous leur attribuez.*

⇨ *Évaluez, appréciez vos collaborateurs sur leurs résultats et non sur des impressions et des images.*

⇨ *Ayez le courage d'exprimer vos opinions face-à-face, exprimez clairement vos reproches.*

⇨ *Dans un entretien d'appréciation, l'« avant » et l' « après » (préparation et mise en œuvre des décisions arrêtées), sont aussi importants que le « pendant ».*

⇨ *Sachez expliquer clairement le type de contribution que vous attendez de vos collaborateurs, la manière dont vous les évaluerez et dont vous les rétribuerez.*

⇨ *Ayez le courage de concentrer vos augmentations de salaire plutôt que de les saupoudrer sur l'ensemble de votre équipe.*

⇨ *Veillez à la cohérence entre vos propos au quotidien avec vos collaborateurs et la sanction salariale que vous prendrez, soyez consistant.*

⇨ *Dans votre propre intérêt, développez vos collaborateurs.*

⇨ *En formant vos collaborateurs, vous accroissez vos propres compétences de manager.*

⇨ *Organisez le travail de façon à ce qu'il développe les compétences de l'équipe.*

⇨ *Ouvrez votre équipe à l'extérieur et faites confiance aux capacités d'adaptation de vos collaborateurs.*

⇨ *Prenez en charge votre destin professionnel, bâtissez votre projet.*

© Éditions d'Organisation

⇨ *En prenant soin au quotidien de vos collaborateurs, vous évitez des échecs futurs pour certains d'entre eux.*

⇨ *Lorsque vous constatez que l'un de vos collaborateurs n'atteint pas ses objectifs de manière récurrente ou transgresse les règles du jeu ; n'hésitez pas, après l'avoir averti et avoir cherché à l'aider pour corriger le tir, à vous en séparer. C'est un problème d'équité vis-à-vis des autres membres de l'équipe.*

⇨ *Pour mettre en œuvre un licenciement, rapprochez-vous de votre direction des ressources humaines ou d'un conseil spécialisé en Droit du travail.*

⇨ **Ne pensez pas d'abord à ce que vous avez à dire mais plus aux informations dont vos collaborateurs ont besoin pour réaliser leurs missions.**

⇨ **Ne cherchez pas à faire de la rétention d'information, dans un environnement qui en véhicule de plus en plus et de plus en plus vite.**

⇨ **Commentez les informations que vous diffusez, donnez-leur un sens propre à chacun de vos interlocuteurs.**

⇨ **N'essayez pas de faire passer par vous toutes les informations qui circulent dans votre équipe.**

⇨ **Ayez confiance a priori en vos collaborateurs et précisez leur les conditions de son maintien.**

⇨ **En matière d'information et de communication, plus que dans d'autres domaines, vos collaborateurs se comporteront avec vous comme vous vous comportez avec eux.**

© Éditions d'Organisation

CHAPITRE 9

Coopérer avec votre DRH et des consultants externes

Une des caractéristiques de la fonction d'animation et de gestion des hommes est qu'elle doit être partagée entre vous, manager, et les équipes de la Direction des Ressources Humaines. Il est donc important de comprendre quel est le rôle de chacun et comment les coopérations peuvent s'établir.

Nous allons successivement examiner :
– les missions de la DRH et ses problèmes,
– les missions des experts et responsables du recrutement et de la formation.

© Éditions d'Organisation

Le rôle de la direction des Ressources Humaines, ses problèmes

Cette direction a, par délégation de la Direction générale de l'entreprise, la mission de veiller à la dimension sociale et humaine du fonctionnement de l'entreprise.

En fonction de l'histoire des entreprises, de leur activité et de leur taille, la DRH peut avoir une organisation particulière, mais généralement elle couvre les missions suivantes :

- administration du personnel (paie, gestion des horaires, aspects juridiques…) ;
- recrutement ;
- gestion de l'emploi (gestion prévisionnelle, mobilité, formation) ;
- gestion des rémunérations ;
- relations sociales ;
- développement social, développement des organisations du travail.

Garant d'une politique de ressources humaines

L'entreprise pour atteindre ses objectifs et conduire son projet, a besoin de ressources financières et de ressources humaines. La stratégie de l'entreprise s'illustre par la manière dont ces ressources sont gérées et allouées.

L'entreprise opère donc des choix en matière de gestion et de développement de ses collaborateurs, c'est sa stratégie ressources humaines.

© Éditions d'Organisation

Une des missions de la DRH est d'aider la Direction générale à faire ces choix et veiller à leur exécution.

La mise en œuvre peut être menée quasi exclusivement par le Directeur des Ressources Humaines dans une petite ou moyenne entreprise ou déléguée dans une plus grosse, le DRH se consacrant à un rôle d'animation et de contrôle.

Faire prendre en compte la dimension humaine et sociale dans la réflexion et les choix stratégiques, imaginer les moyens d'ajuster les ressources de l'entreprise aux besoins dictés par l'évolution des marchés doivent être une des premières préoccupations du DRH.

Il doit donc avoir une forte sensibilité aux problèmes humains, avoir – chevillée au corps – une confiance en la capacité à évoluer des collaborateurs, mais aussi comprendre le métier de l'entreprise et ses exigences, comprendre les problèmes des responsables opérationnels, comprendre ce que veut dire une entreprise orientée-client, comprendre les attentes de rentabilité de l'actionnaire.

Le DRH doit être également garant du respect du droit, des accords et des règlements propres à l'entreprise. Il est d'ailleurs très souvent son représentant pour négocier ceux-ci avec les partenaires sociaux.

Il est responsable du bon dialogue avec les représentants du personnel et les organisations syndicales. Ce dialogue doit permettre d'accompagner les évolutions nécessaires de l'entreprise en respectant un équilibre entre l'économique et le social et *a minima* en conformité avec les lois et les règlements.

Enfin il est censé veiller à l'équité de traitement des collaborateurs, quels que soient l'endroit, le service où ils se situent. Il doit à ce titre veiller qu'à contribution comparable, il y ait rétribution comparable, même et surtout si ce dernier aspect est laissé à votre appréciation, à celle du responsable opérationnel.

© Éditions d'Organisation

Faute de quoi, les « balances » des collaborateurs (cf. chapitre 1) risquent d'être en mauvais état et le degré d'implication plus faible. De plus la mobilité inter-service ou inter-fonction sera rendue encore plus difficile par la création d'écarts de rémunération importants.

Autant de raisons qui font que la DRH :

• a construit un système de description d'emploi homogène, avec des classifications conformes à la convention collective ;

• a imaginé une mécanique d'encadrement de votre liberté en matière d'augmentation des rémunérations des membres de votre équipe.

Le DRH doit sur ces sujets être l'arbitre, il peut être un lieu d'appel pour contrebalancer les éventuels excès de patrons opérationnels, mais il doit veiller à ne pas profiter de ce rôle pour leur confisquer la responsabilité finale.

C'est à ces différents titres que vos relations peuvent parfois être tendues… vous défendez votre vision des choses, l'intérêt de votre équipe, l'intérêt d'un de vos collaborateurs, au nom de votre plan d'action, des objectifs que vous avez à atteindre ; le DRH défend les règles de vie collective de l'entreprise, l'équité de traitement des différents collaborateurs au nom de la cohérence et de l'unité d'ensemble.

Un rôle en rapide évolution

Comme cet ouvrage le démontre, la gestion et le management des hommes sont de plus en plus délégués aux patrons opérationnels. Dès lors le DRH se trouve progressivement dépouillé de responsabilités opérationnelles comme, par exemple, le recrutement et la formation.

Ceci a pour conséquence d'amener à une réorganisation progressive des directions des ressources humaines autour des missions suivantes :

© Éditions d'Organisation

Pour le compte de la Direction générale de l'entreprise, elles assument des activités « régaliennes » comme :

- proposition et contrôle de la *politique globale* de ressources humaines (emploi, recrutement, salaires, relations sociales, développement des organisations) permettant de supporter la stratégie de l'entreprise ;

- animation des *relations sociales « centrales »* à savoir comité central d'entreprise, négociations centrales… afin de bâtir une politique ou un cadre contractuel global mais aussi parce que la loi organise les instances représentatives sur un mode jacobin et que les organisations syndicales sont encore très centralisées ;

- gestion et développement des *cadres supérieurs*, des dirigeants et des collaborateurs à forts potentiels.

Ces derniers sont en effet considérés comme « appartenant » à l'ensemble de l'entreprise et non à un service ou à une division, ils doivent alors être gérés de manière centrale.

Pour compte commun, à savoir pour vous, manager d'équipe, et pour vos collègues, pour l'ensemble des équipes, des services, des divisions de l'entreprise, la DRH peut gérer des services partagés comme :

- un service recrutement qui a pour mission de mener les missions de recrutement que lui confie chaque entité ;

- un service formation qui organisera les actions de formation sur la base des cahiers des charges qui lui seront transmis. Dans le cas d'un gros volume de formation délivrée, ce service pourra avoir ses propres formateurs voire ses propres centres de formation ;

- un service juridique qui, à la demande, interviendra comme conseil auprès des opérationnels.

© Éditions d'Organisation

Ces services chercheront à se gérer au meilleur rapport coût/qualité possible. Certaines grandes entreprises les ont externalisés. Elles se retrouvent ainsi dans la position de petites et moyennes entreprises qui pour assurer ces missions, font appel à des consultants spécialisés.

En support aux managers opérationnels, la DRH :

- fournit de l'information sociale utile au pilotage de l'activité (tableau de bord, coûts, effectifs par nature, compétences...) ;

- engage des actions de développement visant à renforcer leurs compétences en management ;

- fournit des supports de travail (outils de définition de fonction, outils de rémunération, outils d'appréciation, outils d'analyse des besoins de développement...) ;

- en fonction des besoins, fournit des prestations de conseil à la demande des managers ;

- met à disposition un appui pour concevoir des organisations du travail satisfaisant les nouvelles exigences de la compétition et développant les compétences des collaborateurs.

En effet, la Direction des Ressources Humaines s'intéresse et s'intéressera encore plus demain à l'organisation du travail. Le défi est de mettre en place des organisations du travail orientées vers le client, réactives et flexibles et qui permettent de développer les collaborateurs (cf. chapitre 6).

Aussi, soit en tant que chef de file d'une opération de changement décidée par la Direction générale ou dans sa mission de support ou de conseil aux opérationnels, la dimension organisation du travail est de plus en plus présente dans l'activité des équipes de ressources humaines.

Vos relations avec ce type de DRH seront multiples et parfois complexes.

© Éditions d'Organisation

Lorsqu'il exerce ses missions régaliennes, vous retrouverez les tensions évoquées précédemment. Il vous revient de le convaincre de changer les règles globales si elles ne vous vont pas, mais vous avez aussi à les respecter et à les faire respecter tant qu'elles n'ont pas été changées.

Lorsqu'il s'agit des fonctions pour compte commun (recrute-ment, formation, conseil juridique), vous devez le considérer comme un prestataire de services. Vous lui fournissez un cahier des charges aussi complet que possible, vous lui faites un bon « briefing » et vous attendez de lui un service d'un bon rapport coût/qualité.

Lorsqu'il agit en support au management opérationnel, il doit vous fournir une aide quand vous en avez besoin, vous devez avoir des outils de travail simples et compréhensibles par des non-spécialistes de gestion des ressources humaines.

Dans le type de configuration de la DRH qui vient d'être décrit et vers lequel tendent toutes les entreprises moyennes ou grosses, ce qui complexifie les relations manager/ DRH c'est que, tantôt le DRH vous contrôle et « entrave » votre action (mission régalien-ne), tantôt il est à votre service et vous aide à accroître la perfor-mance de votre équipe (mission support ou pour compte commun).

Coopérer avec votre DRH

Essayez donc de repérer le positionnement du DRH de votre entreprise entre les deux situations schématiques qui viennent d'être décrites ci-dessus.

Il peut être un DRH très opérationnel, il recrute, il suit de très près, il décide éventuellement même sur proposition de votre part des augmentations de salaire, des promotions, des change-ments de classification, des opérations de formation à mener... votre marge de manœuvre est alors très faible et vous aurez à uti-liser vos meilleurs arguments pour l'amener à vos fins. Il est pro-bablement sensible à des arguments de coûts et de cohérence.

© Éditions d'Organisation

Si vous êtes dans une entreprise où la responsabilité des opérations de ressources humaines a été déléguée aux opérationnels, le DRH sera plus centré sur une fonction de contrôle et de prestation de services, de support. Vous aurez alors :

- à comprendre ce qui a guidé l'élaboration des politiques de ressources humaines dont il contrôlera la mise en application et ce, afin de les intégrer dans votre action quotidienne ou d'essayer de le convaincre de la nécessité de changer ;

- à être clair dans l'expression de vos besoins en matière d'outils et de supports qui vous aideront à manager votre équipe ;

- à faire des définitions de fonction, des profils de recrutement et des cahiers des charges formation précis et documentés.

Enfin, dans tous les cas de figure, deux derniers conseils pour construire des relations de coopération avec votre DRH :

- Invitez-le dans votre service, à participer à une réunion de votre équipe, à rencontrer certains de vos collaborateurs... Vous lui rendrez service car l'une des difficultés majeures des DRH (surtout si l'effectif est important) est de rester en contact avec le terrain ; vous vous rendrez service car il comprendra mieux vos contraintes et modes de fonctionnement.

- Ne vous servez pas de lui comme épouvantail (j'en parle à la DRH), comme alibi (je vous aurais bien augmenté, mais le budget que m'a donné la DRH est trop faible) ou comme porte-parole (merci de recevoir M. X pour lui indiquer que je ne souhaite plus le voir). Si vous avez un problème difficile (séparation potentielle d'avec quelqu'un, problème de management...) mieux vaut aller le voir à temps pour examiner avec lui toutes les solutions possibles et bien cerner l'aide qu'il pourra vous apporter.

© Éditions d'Organisation

Le responsable du recrutement ou le conseil en recrutement

L'une des compétences de management des ressources humaines la plus difficile à maîtriser est celle de l'évaluation des hommes.

C'est peut-être la raison pour laquelle le recruteur est parfois perçu comme un homme doué de talents mystérieux, s'appuyant sur un appareillage psychologique sophistiqué qui lui permettent de pronostiquer la réussite de l'insertion d'un nouveau dans une équipe.

Mais le recrutement peut aussi être perçu comme une affaire d'intuition et donc apparaître comme étant à la portée de tout le monde. Ce n'est ni l'un, ni l'autre.

Le recrutement est d'abord une affaire de rigueur, de méthode, puis d'outils et de talents.

La mission de l'expert en recrutement

Il doit, à partir de la définition de fonction ou de poste que vous lui avez fournie, trouver des candidats potentiels, les sélectionner et vous présenter deux ou trois candidats possibles parmi lesquels vous pourrez effectuer votre choix.

Son expertise porte donc sur :

- la manière de faire des définitions de poste, des descriptions d'environnement de ces derniers afin, le cas échéant de vous aider à les faire ;

- les endroits où trouver les candidats potentiels qui peuvent vous intéresser ; il connaît donc les différents marchés de l'emploi pertinents pour votre activité ;

- les moyens de se procurer des *curriculum vitae* correspondant aux attentes ; il sait quand utiliser des annonces presse, des fichiers particuliers, quand procéder à une approche directe…

© Éditions d'Organisation

- les moyens d'évaluer un *curriculum vitae*, d'évaluer un candidat en utilisant des techniques d'entretien ou toute autre méthode adéquate par rapport au recrutement à opérer.

Il doit par ailleurs avoir des talents de vendeur, il doit en effet vendre l'entreprise, la mission, le poste aux candidats potentiels. Ceci est parfois particulièrement nécessaire lorsque l'on essaie d'attirer des candidats très recherchés par ailleurs.

En général le responsable du recrutement attend de vous deux choses :

- une définition aussi claire que possible de vos besoins et de vos délais en amont de la recherche ;

- une réponse définitive rapide lorsqu'il vous aura présenté les candidats finalistes.

Votre problème est d'avoir au plus vite un nouveau collaborateur qui s'intègre bien dans votre équipe et améliore votre performance ; celui du responsable du recrutement est d'avoir un cahier des charges précis de manière à éviter à recommencer des recherches en cas de malentendu initial et suffisamment de temps pour travailler.

Coopérer avec l'expert en recrutement

S'il est interne à l'entreprise, expliquez-lui, s'il en a besoin, les spécificités de votre métier, de votre activité pour l'aider à bien comprendre le milieu pour lequel il aura à recruter et à repérer les marchés potentiels possibles.

Offrez-lui la possibilité, s'il en a le temps, de passer une ou plusieurs journées au sein de votre service.

© Éditions d'Organisation

Si vous devez choisir un consultant externe, veillez à vérifier qu'il a acquis cette expertise en travaillant avec d'autres entreprises.

Soyez clair sur vos attentes, donnez-lui une définition de poste précise, voire un profil de recrutement, répondez à toutes ses questions en décrivant la réalité telle qu'elle est et non telle que vous souhaiteriez qu'elle soit.

Négociez un délai pour vous présenter les « finalistes » et faites-lui confiance sur son professionnalisme. Laissez-le travailler sans lui faire de recommandations de méthode, c'est son métier de prévoir l'appareillage de recherche et de sélection à mobiliser.

Lorsque vous aurez reçu les finalistes, faites votre choix, demandez-lui son opinion, mais la décision vous revient à vous et à vous seul.

S'il ne vous présente qu'un candidat et s'il s'agit d'un recrutement externe, exigez d'en voir au moins un autre... sinon quel choix allez-vous faire ?

Il vous expliquera peut-être que le profil recherché était très spécifique et que... exigez néanmoins de voir un autre candidat, c'est son métier de le trouver.

Si aucun des candidats qui vous sont présentés ne vous convient, demandez-lui de vous présenter d'autres candidats. Il essaiera d'argumenter en faveur des premiers candidats présentés car repartir en recherche va, pour lui, être consommateur de temps. Écoutez attentivement son argumentation mais si elle ne vous convient pas, ne cédez pas.

Enfin quelques mois ou semaines après l'arrivée de votre nouveau collaborateur, donnez des *feed-back* à la personne qui a opéré le recrutement. Ceci lui permettra de progresser dans la compréhension de votre mode de fonctionnement et de celui de votre équipe pour améliorer la pertinence d'un prochain recrutement qu'elle pourrait faire pour vous.

© Éditions d'Organisation

Le responsable de la formation ou le conseil en formation

Si le recrutement est vu par certains comme un acte complexe et mystérieux, beaucoup d'entre nous pensons être capables de former les autres. En tout cas, nous avons tous une opinion sur la formation, son contenu et les méthodes pertinentes qui devraient être mobilisées.

La formation, sa conception et sa mise en œuvre sont un métier couvrant plusieurs champs de compétence.

Comme en matière de recrutement, l'expert en formation a besoin de connaître précisément vos attentes en matière d'acquisition de compétences nouvelles au sein de votre équipe.

La mission de l'expert en formation

À partir du cahier des charges que vous lui avez fourni, il doit élaborer les objectifs pédagogiques de l'action envisagée, identifier les formateurs ou organismes de formation possibles, dialoguer avec eux sur les stratégies, méthodes pédagogiques possibles, les coûts, sélectionner l'équipe qui présente les meilleures garanties de succès potentiel, bâtir le système d'évaluation de l'action projetée.

Son expertise porte donc :

- sur les méthodes d'analyse des besoins et de traduction d'objectifs opérationnels en objectifs d'apprentissage ;

- sur la connaissance des savoir-faire des formateurs internes et de ceux des opérateurs sur le marché de la formation ;

- sur la construction de scénarios pédagogiques dans une situation donnée (population définie, objectifs repérés, contraintes diverses – temps, budget…– identifiées) ;

© Éditions d'Organisation

- sur les différentes méthodes pédagogiques, leurs portées et leurs limites ;
- sur l'économie des actions de formation.

Il aura par ailleurs des compétences d'acheteurs (capacité à élaborer des cahiers des charges, à négocier sans déséquilibrer le rapport coût/qualité attendue). Il a également un savoir juridique et fiscal du domaine pour satisfaire aux obligations de l'entreprise et utiliser des dispositifs qui pourraient utilement contribuer à répondre aux problèmes posés (comme par exemple le congé individuel de formation, l'apprentissage...).

Enfin il doit savoir dialoguer avec les partenaires sociaux, sachant que le projet de plan de formation et les réalisations de ce dernier font l'objet d'une consultation bi-annuelle du comité d'entreprise.

Coopérer avec le responsable ou le consultant en formation

Élaborer un cahier des charges sur le modèle de ceux qui vous sont proposés dans le chapitre 6. Ceci constituera la base du dialogue avec l'expert en formation.

Approfondissez avec lui l'environnement de l'action de formation que vous envisagez. Offrez-lui la possibilité de prendre contact avec les futurs participants afin de « sentir » le contexte dans lequel l'action s'inscrira.

Indiquez-lui clairement vos contraintes de budget ou de temps. Écoutez ses arguments, car vous aurez souvent tendance à lui demander des miracles du type « transformer complètement vos équipes en trois jours » !

Le responsable formation n'est pas un magicien et la formation a ses contraintes. Aussi, en dialoguant vous trouverez un compromis entre vos attentes, vos contraintes et les possibilités tech-

© Éditions d'Organisation

niques de la formation. Vous finaliserez alors ensemble le cahier des charges qui constituera les termes de référence de l'action que l'expert va vous construire.

N'oubliez pas que la formation n'est pas l'unique moyen de développement des compétences, aussi avant d'approcher votre responsable de formation assurez-vous d'avoir fait le bon diagnostic. Si votre interlocuteur est de qualité, il est probable qu'il reprendra rapidement ce dernier avec vous.

Une fois le cahier des charges finalisé, laissez votre responsable de formation travailler. Veillez à participer vous-même à l'information de vos collaborateurs sur l'action de formation qui va être mise en place pour eux. Au besoin participez au lancement et/ou à la conclusion du séminaire.

Après l'action, dialoguez avec vos collaborateurs, vérifiez, en liaison avec le responsable de formation, que les objectifs arrêtés dans le cahier des charges ont effectivement été atteints.

© Éditions d'Organisation

FAISONS LE POINT

- *Par délégation de la Direction générale, la Direction des Ressources Humaines a la mission de veiller au bon fonctionnement humain et social de l'entreprise.*

- *La Direction des Ressources Humaines aide la Direction générale à bâtir une stratégie de Ressources Humaines.*

- *La Direction des Ressources Humaines met en œuvre et/ ou contrôle la bonne application de la stratégie des ressources humaines, est garante du droit, de l'équité de traitement de chaque collaborateur.*

- *La Direction des Ressources Humaines mène les négociations avec les partenaires sociaux.*

- *Le rôle et l'organisation des Directions des Ressources Humaines sont en pleine mutation.*

- *La Direction des Ressources Humaines interviendra de manière croissante sur les problèmes liés à l'organisation du travail.*

- *Une coopération efficace avec le responsable ou le conseil en recrutement ou en formation passe par une claire définition de vos attentes et de vos délais.*

© Éditions d'Organisation

MES CONSEILS

⇨ *Prenez le temps nécessaire à la connaissance de chacun de vos collaborateurs directs*

- *Sachez quelles sont leurs compétences, y compris celles qu'ils n'utilisent pas aujourd'hui,*

- *Sachez, au-delà de l'argent, quels sont les éléments de rétribution qui les motivent le plus.*

⇨ *Souvenez-vous qu'il y a autant de façons de manager que de collaborateurs ! Comme vos clients, ces derniers attendent un traitement individualisé.*

⇨ *À chaque occasion de recrutement, prenez le temps d'analyser le travail de votre équipe et d'éventuellement le redéfinir.*

⇨ *Vous devez avoir (ou prendre) la responsabilité du choix d'un nouvel arrivant dans votre équipe, c'est votre décision.*

⇨ *Ne recrutez jamais votre semblable !*

⇨ *Partagez avec vos collaborateurs une vision, un projet pour votre équipe.*

⇨ *Trouvez et exprimez votre équilibre personnel entre management contractuel (objectifs) et management arbitraire.*

⇨ *Faites confiance a priori, vous pourrez ainsi plus facilement déléguer, mais exercez un contrôle sans faille.*

⇨ *Ne remettez pas à demain une décision qui (souvent) peut se prendre aujourd'hui.*

© Éditions d'Organisation

⇨ *Vos collaborateurs ont une capacité de mobilisation et de changement supérieure à celle que vous leur attribuez.*

⇨ *Évaluez, appréciez vos collaborateurs sur leurs résultats et non sur des impressions et des images.*

⇨ *Ayez le courage d'exprimer vos opinions face-à-face, exprimez clairement vos reproches.*

⇨ *Dans un entretien d'appréciation, l'« avant » et l'« après » (préparation et mise en œuvre des décisions arrêtées), sont aussi importants que le « pendant ».*

⇨ *Sachez expliquer clairement le type de contribution que vous attendez de vos collaborateurs, la manière dont vous les évaluerez et dont vous les rétribuerez.*

⇨ *Ayez le courage de concentrer vos augmentations de salaire plutôt que de les saupoudrer sur l'ensemble de votre équipe.*

⇨ *Veillez à la cohérence entre vos propos au quotidien avec vos collaborateurs et la sanction salariale que vous prendrez, soyez consistant.*

⇨ *Dans votre propre intérêt, développez vos collaborateurs.*

⇨ *En formant vos collaborateurs, vous accroissez vos propres compétences de manager.*

⇨ *Organisez le travail de façon à ce qu'il développe les compétences de l'équipe.*

⇨ *Ouvrez votre équipe à l'extérieur et faites confiance aux capacités d'adaptation de vos collaborateurs.*

© Éditions d'Organisation

⇨ *Prenez en charge votre destin professionnel, bâtissez votre projet.*

⇨ *En prenant soin au quotidien de vos collaborateurs, vous évitez des échecs futurs pour certains d'entre eux.*

⇨ *Lorsque vous constatez que l'un de vos collaborateurs n'atteint pas ses objectifs de manière récurrente ou transgresse les règles du jeu ; n'hésitez pas, après l'avoir averti et avoir cherché à l'aider pour corriger le tir, à vous en séparer. C'est un problème d'équité vis-à-vis des autres membres de l'équipe.*

⇨ *Pour mettre en œuvre un licenciement, rapprochez-vous de votre direction des ressources humaines ou d'un conseil spécialisé en Droit du travail.*

⇨ *Ne pensez pas d'abord à ce que vous avez à dire mais plus aux informations dont vos collaborateurs ont besoin pour réaliser leurs missions.*

⇨ *Ne cherchez pas à faire de la rétention d'information, dans un environnement qui en véhicule de plus en plus et de plus en plus vite.*

⇨ *Commentez les informations que vous diffusez, donnez-leur un sens propre à chacun de vos interlocuteurs.*

⇨ *N'essayez pas de faire passer par vous toutes les informations qui circulent dans votre équipe.*

⇨ *Ayant confiance a priori en vos collaborations et précisez leur les conditions de son maintien.*

© Éditions d'Organisation

⇨ *En matière d'information et de communication, plus que dans d'autres domaines, vos collaborateurs se comporteront avec vous comme vous vous comportez avec eux.*

⇨ **Comprenez ce qui guide les choix politiques et les décisions de votre DRH.**

⇨ **Invitez votre DRH, votre responsable de recrutement ou de formation dans votre service, ceci leur permettra de mieux comprendre vos préoccupations et donc de mieux vous servir.**

⇨ **En cas de problème, rapprochez-vous de votre DRH à temps, en anticipant, cela vous permettra ensemble de trouver plus facilement des solutions.**

© Éditions d'Organisation

CHAPITRE 10

De quoi sera fait demain ?

Tout au long de cet ouvrage, sont apparues des tendances qui orientent les conceptions, les approches et les outils du management des hommes.

Mais l'accélération des mouvements engagés fait que les changements seront profonds. Dans ce dernier chapitre nous allons examiner :

– pourquoi le management des entreprises est en profond bouleversement ;

– les conséquences de ce dernier sur le contenu et l'organisation du travail ;

– les évolutions actuelles des outils de gestion des ressources humaines ;

– le rôle encore plus important du manager d'équipe.

© Éditions d'Organisation

Le management des entreprises est en profond bouleversement

L'entreprise depuis qu'elle existe, grande ou petite, a eu à satisfaire des clients, des actionnaires et des salariés. C'est une « machine à fabriquer de la valeur ajoutée » qui sera pour l'essentiel répartie entre ces trois acteurs.

Ce qui change, ce n'est pas l'objectif à atteindre, mais les conditions dans lesquelles on doit le faire.

Des partenaires plus exigeants

L'offre de produits et de services s'étant développée et mondialisée, le client a le choix ; il est donc devenu plus exigeant. Les actionnaires aussi, d'autant plus qu'on compte aujourd'hui parmi eux un certain nombre d'institutions financières qui n'ont aucun lien industriel ou « affectif » avec l'entreprise. Leurs participations sont des actifs, dont ils attendent un certain niveau de rentabilité.

Enfin les salariés, aussi, sont devenus plus exigeants : mieux éduqués, mieux informés, ils attendent et aspirent à une certaine qualité de vie.

L'entreprise est donc soumise à des exigences simultanées qui iront croissantes et qui sont contradictoires – car ce qui est donné à l'un par définition ne peut être donné à l'autre.

Le schéma présenté en page 141 montre comment les nouvelles exigences du client vont avoir des impacts sur le management des hommes.

La pression sur les coûts

La pression sur le prix engendre une pression sur les coûts, dont les coûts de main-d'œuvre dans un marché de plus en plus

© Éditions d'Organisation

ouvert. À compétences comparables, une véritable concurrence s'installe entre les différentes zones sur les coûts de main-d'œuvre.

Cette pression, combinée avec les progrès technologiques, fait que certains auteurs annoncent la disparition progressive du travail. Selon eux, l'automatisation et la robotisation remplacent progressivement le travail humain. Ils estiment que 75% de la main-d'œuvre dans la majorité des pays industriels effectuent des travaux ne demandant guère que des gestes répétitifs facilement automatisables.

Ces experts nous annoncent un monde sans paysans fondé sur une informatique et un machinisme agricoles sophistiqués, un monde sans ouvrier avec des robots fiables et peu coûteux, y compris dans les pays à faibles coûts salariaux, un monde sans cols blancs car les ordinateurs sont d'ores et déjà capables de lire et d'écrire, le commerce électronique, le télé-achat seront développés et au cinéma l'image numérique sera moins coûteuse que le cachet de certaines stars… !

Heureusement d'autres experts ne brossent pas un tableau aussi pessimiste. Certes ils reconnaissent que dans l'économie de l'information, grâce aux technologies nouvelles, il faudra de moins en moins travailler pour produire autant de richesses.

Ils recommandent donc :

• une croissance économique concertée plus soutenue ;

• une réduction du temps de travail afin de le partager entre ceux qui en ont et ceux qui n'en ont pas ;

• le développement de nouvelles formes d'emplois dans le « tiers secteur ». Il s'agit d'emplois répondant à la demande accrue de services de proximité comme les gardes d'enfants, l'aide aux populations isolées, l'éducation, le soutien scolaire…

© Éditions d'Organisation

• l'accroissement de la fluidité du marché de l'emploi salarié en encourageant la mobilité professionnelle.

Quelle que soit la thèse qui l'emportera demain, aujourd'hui dans l'entreprise, la pression sur les effectifs est déjà forte et rien ne permet d'imaginer que ceci sera différent dans les années à venir. Il faut donc vous préparer à gérer votre équipe dans un état de ressources tendu.

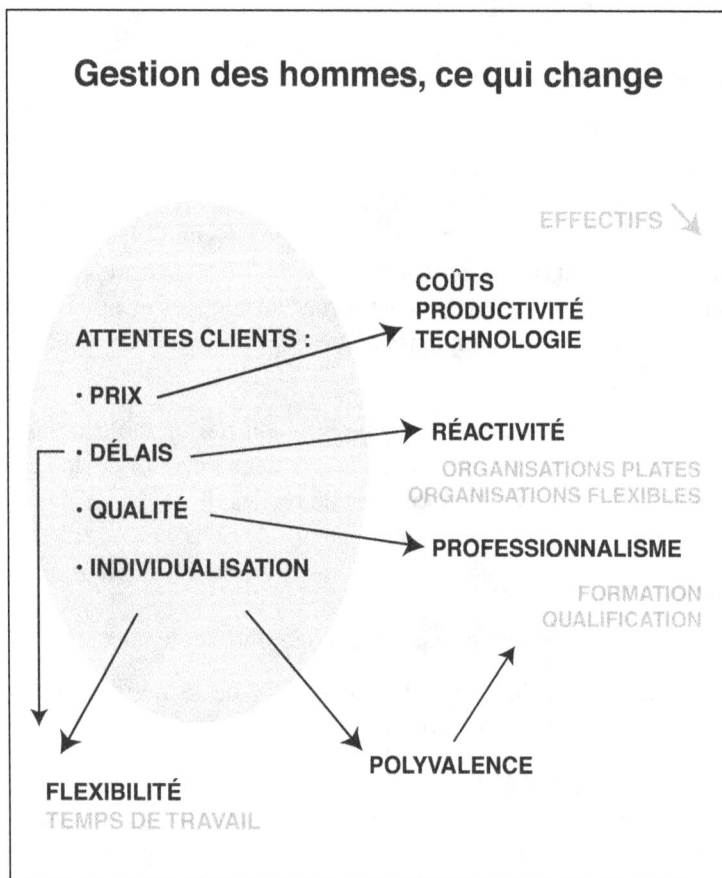

Gestion des hommes, ce qui change

EFFECTIFS

ATTENTES CLIENTS :

• PRIX

• DÉLAIS

• QUALITÉ

• INDIVIDUALISATION

COÛTS
PRODUCTIVITÉ
TECHNOLOGIE

RÉACTIVITÉ

ORGANISATIONS PLATES
ORGANISATIONS FLEXIBLES

PROFESSIONNALISME

FORMATION
QUALIFICATION

POLYVALENCE

FLEXIBILITÉ
TEMPS DE TRAVAIL

© Éditions d'Organisation

La pression sur les délais et l'individualisation

Avoir le produit (ou service) tout de suite, et qu'il soit personnalisé, telle est de plus en plus notre exigence de consommateur. Lorsque nous achetons une nouvelle voiture, nous la voulons disponible sur le champ avec toutes les options que nous souhaitons. Il en va fréquemment de même pour les autres produits et services que nous acquérons.

Des délais plus courts supposent pour l'entreprise des organisations plus réactives, donc des structures plus plates avec des collaborateurs au contact du client qui aient la capacité de traiter rapidement 80% des problèmes qui leurs sont posés, tandis qu'une équipe d'experts de proximité sera capable de traiter rapidement les 20% de problème restant.

L'individualisation suppose une organisation flexible, capable de s'adapter à la demande, donc avec une grande polyvalence mais également un niveau élevé de professionnalisme pour maintenir un haut niveau de qualité.

L'ensemble de ces évolutions, voire de ces ruptures, modifie et modifiera profondément le contenu et les formes d'exercice du travail.

Les évolutions du travail

Le contenu du travail demain

Par rapport à celui des compétences techniques, le poids des compétences et savoir-faire relationnels ira croissant. Gagner demain supposera avoir su tisser un excellent niveau de compréhension de chaque client, avoir su lui fabriquer dans les temps une réponse adaptée. La réussite passera donc plus par la maîtrise de « tours de main », de savoir-faire organisationnels plutôt que par l'expertise et la technicité intrinsèques.

© Éditions d'Organisation

Ces dernières seront en effet d'accès relativement facile à tous sur des bases de données ou avec des systèmes experts.

Ceci aura pour conséquence de faire évoluer le contenu du travail. Dans les années à venir :

• Tous les emplois feront appel à des compétences de *communication*. Écouter les clients, les collaborateurs, les collègues, les fournisseurs ; comprendre leurs attentes ; savoir les convaincre de la qualité de notre produit ou de notre service ; négocier les conditions de sa livraison ; savoir capter et décoder les signes venant de l'environnement, construire avec un autre service une base de coopération efficace... sont autant d'activités qui passent par des compétences élevées en communication. Demain même l'expert le plus éminent devra convaincre de la justesse de sa décision.

• Tous les collaborateurs devront être capables de manipuler des représentations abstraites. Le développement des technologies nouvelles de traitement et de transport de l'information fait que les phénomènes réels sont progressivement représentés par des abstractions comme des courbes sur un écran, des statistiques, des schémas, des symboles... Nous assistons à une transformation progressive du travail « physique » en travail intellectuel. Par exemple, pensons à l'évolution du métier de conducteur de train dans le cas où celui-ci est assis dans un centre de contrôle et pilote « son » train à distance, ou encore à celle du métier d'opérateur de ligne industrielle pilotant les opérations sur un écran.

Pour suivre ces évolutions, il faut renforcer la capacité d'abstraction de nos collaborateurs faute de quoi ils ne pourront faire le saut qualitatif requis.

• Les problèmes posés seront de plus en plus complexes et/ou devront être traités de plus en plus rapidement, de sorte qu'un homme seul, même doué d'une grande expertise et d'une grande expérience, ne pourra plus y faire face. Il devra coopérer avec d'autres, donc avoir un réseau interne et externe à

© Éditions d'Organisation

l'entreprise. Au sein de ce réseau, il saura identifier qui avec lui peut trouver la solution. *Le travail en équipe*, l'approche par *projet…* bref, *la coopération* devra se développer de plus en plus, mobilisant des compétences et des attitudes auxquelles aujourd'hui nous ne sommes pas forcément préparés.

• Pour avoir une forte réactivité aux attentes des clients et s'adapter rapidement aux conditions sans cesse renouvelées de la concurrence, les entreprises devront conférer beaucoup d'autonomie à leurs collaborateurs, surtout à ceux qui sont en première ligne. De plus, elles devront raccourcir leurs lignes hiérarchiques et déléguer les pouvoirs au plus proche du terrain. Aussi presque tous les emplois auront une dimension décisionnelle. Elles devront développer l'aptitude de leurs collaborateurs à la *prise de décision*, à la prise de risque, à *l'exercice de la responsabilité*.

• L'analyse de l'environnement sera de plus en plus importante, la capacité à capter, trier, interpréter les informations venant du dehors de l'entreprise sera encore plus qu'aujourd'hui, un facteur-clé de succès.

Ces informations circuleront par et grâce à l'ensemble des collaborateurs. Ils devront donc avoir une *capacité à comprend re et intégrer les signes venant de « l'extérieur »*. Cette capacité sera d'autant plus complexe que des ruptures se produiront de plus en plus fréquemment et rapidement et qu'il conviendra donc de savoir rapprocher des faits, des éléments qui hier semblaient n'avoir aucun rapport les uns avec les autres.

• L'expertise technique restera bien entendu indispensable, mais elle ne pourra se suffire à elle-même. Demain l'expert le plus « pointu » aura à convaincre de la justesse de ses analyses et de ses évaluations.

Ces grandes tendances d'évolution du contenu des emplois doivent nous inciter à réfléchir aux moyens de s'y préparer en adaptant notre recrutement, le contenu de nos formations, les façons d'organiser le travail de nos équipes.

© Éditions d'Organisation

Pour s'adapter aux conditions de la compétition l'entreprise va donc changer le contenu du travail, le plus souvent d'ailleurs en utilisant les nouvelles technologies de l'information et de la communication, mais elle risque également de changer les formes d'exercice du travail.

Les nouvelles formes d'exercice du travail

La recherche de flexibilité combinée à la pression sur les coûts pousse les entreprises à rechercher l'ajustement dans le temps de leur force de travail à leurs besoins. À cet effet elles pourront utiliser deux voies : le travail à temps aménagé et l'externalisation.

Le temps de travail

De nombreux débats sur le temps de travail agitent certains pays européens mais si l'on admet ce qui vient d'être développé, le vrai enjeu du point de vue de l'entreprise, n'est pas la durée du temps de travail mais son aménagement.

Dans une économie de l'information, le facteur-clé n'est pas la quantité du travail mais sa qualité. Préférez-vous un collaborateur qui travaille beaucoup mais a peu de résultats ou un collaborateur qui travaille peu mais avec un haut niveau de performance ? Nous passons progressivement d'une obligation de moyens (votre salaire en contrepartie d'une « quantité de travail ») à une obligation de résultats (votre salaire contre une performance, des résultats).

Vous devez donc considérer qu'aujourd'hui et encore plus demain, le temps de travail sera une variable d'action pour l'entreprise. Ajuster le temps (la disponibilité du service) aux besoins et attentes du marché permet de réduire les coûts tout en accroissant la qualité de service.

Les expériences menées à ce jour montrent en effet que grâce à l'instauration de systèmes d'aménagement du temps de travail

© Éditions d'Organisation

l'absentéisme diminue, la qualité du travail augmente. De surcroît, il apparaît que ces entreprises développent plus vite que d'autres des compétences-clés comme le sens de la coopération et de l'esprit d'équipe.

Le travail à temps partiel, le travail à temps complet aménagé sur l'année, l'appel à des compétences d'appoint intérimaires pour faire face à une surcharge ou pour mobiliser des compétences dont nous n'aurons pas besoin de manière constante, sont donc des moyens d'ajustement qui se développent et se développeront.

De plus, sous réserve qu'ils soient voulus et correspondent à un choix des gens, ils répondent à une demande grandissante de certains d'entre nous qui concevons différemment nos relations à l'entreprise. Le temps pour soi est aujourd'hui devenu une valeur recherchée par certains. Les collaborateurs qui arbitreront en faveur du temps plutôt que l'argent seront de plus en plus nombreux.

L'espace

Les nouveaux outils tels les réseaux, l'ordinateur portable, le téléphone mobile, Internet, Intranet permettent de travailler en tout lieu et d'être joignable à tout moment. Ils offrent donc de nouvelles perspectives au télétravail ou au travail mobile.

Le travail devenant de plus en plus intellectuel, il est donc plus facile d'imaginer qu'il pourra s'exercer en tout lieu, chez soi, dans des hôtels bureaux à proximité du domicile, chez un client, en voyage. Les commerciaux, les consultants sont déjà souvent dans ce cas de figure et les emplois qui pourraient basculer dans ces formes de travail seront de plus en plus nombreux. À l'évidence cela va poser des problèmes nouveaux d'animation d'équipe, de contrôle, d'identification à l'entreprise... auxquels il conviendra de trouver une réponse.

© Éditions d'Organisation

L'externalisation

La sous-traitance, « *l'outsourcing* », sont également des voies possibles pour favoriser l'ajustement. Elles permettent à l'entreprise de se recentrer sur son métier.

L'expérience prouve qu'elle confère une plus grande souplesse de gestion pour la forme qui sous-traite, qu'elles offrent un bon maillage avec l'environnement car le sous-traitant est supposé rester à la pointe des savoir-faire de son métier principal.

Leur mise en œuvre demande beaucoup de vigilance pour ne pas provoquer de perte de substance de l'entreprise sur des éléments-clés de sa chaîne de valeur. Cette vigilance passe probablement par des contrats de partenariat avec l'opérateur pour maintenir un niveau de qualité et anticiper d'éventuels conflits de priorités entre le donneur d'ordre et le sous-traitant.

Enfin elle pose parfois des problèmes de coexistence, sur un même site, de collaborateurs ayant des statuts et des systèmes de gestion différents.

Les évolutions des méthodes et outils de management des ressources humaines

Les évolutions qui viennent d'être décrites vont avoir un impact sur la façon de manager les hommes, qui apparaîtra progressivement. Nous allons balayer chacun des chapitres du livre en indiquant brièvement les tendances que nous pouvons aujourd'hui observer.

• *La description des fonctions, les classifications*

Les systèmes actuellement utilisés dans les entreprises pour décrire le travail et classer les fonctions ne pourront refléter la réalité des organisations de demain, où le poste et les qualifications qu'il requiert doivent laisser place aux compétences et aux

© Éditions d'Organisation

résultats attendus. Il faut donc inventer des systèmes intégrant les compétences et notamment leurs dimensions relationnelles.

- *Intégrer un collaborateur, recruter*

Les méthodes de recrutement utilisées le plus souvent (entretien, tests) ne sont pas pertinentes pour des emplois où la dimension relationnelle devient prépondérante. Il faut donc privilégier les méthodes qui permettent d'améliorer la prédictibilité des comportements et la mesure de la personnalité et du potentiel de progrès, d'adaptation du candidat. Les centres d'évaluation ou « *assessment centers* » évoqués dans le chapitre sur le recrutement sont un premier pas dans ce sens.

- *Évaluer vos collaborateurs*

Dans des organisations aux lignes hiérarchiques plus courtes, aux collaborateurs autonomes et dotés de pouvoirs de faire et où les coopérations sont développées, l'évaluation ne peut plus se fonder uniquement sur un entretien en face-à-face entre le collaborateur et son patron. De multiples acteurs sont en relation et c'est par leurs différents regards que pourra être évaluée la contribution de quequ'un. Les approches d'évaluation 360° présentée rapidement dans le chapitre 4 vont se développer rapidement car elles intègrent dans l'appréciation la vision de chacun de nos « clients », à savoir les vrais clients internes ou externes à qui nous devons livrer un produit, nos collègues, nos collaborateurs. Le dialogue avec le patron qui gardera le dernier mot dans l'évaluation s'appuiera sur les évaluations demandées à ces différents acteurs.

- *Rétribuer vos collaborateurs*

Demain l'entreprise sera composée de collaborateurs ayant des liens et des attentes très divers. Or les systèmes de rémunération sont souvent uniques dans leur conception et s'imposent à l'ensemble des collaborateurs. Il faudra les faire évoluer dans deux sens :

© Éditions d'Organisation

- Les segmenter pour tenir compte de la variété des situations personnelles et professionnelles des collaborateurs. Par exemple pour ceux que l'entreprise veut absolument garder, elle doit leur offrir une rémunération à court terme compétitive mais également une rémunération différée à long terme assise sur les résultats à terme de l'entreprise. Tandis que pour ceux avec qui elle ne souhaite pas tisser une relation longue, l'entreprise doit, dans une logique de donnant donnant, proposer un « *package* » comprenant un rémunération et des aides et supports pour développer « l'employabilité ».

- Accroître la part variable : deux des contributions que l'on souhaite rétribuer sont le résultat et la performance. Ils n'ont pas un caractère permanent. À chaque fois il faut remettre l'ouvrage sur le métier, ils ne peuvent donc être rémunérés qu'une fois constatés, donc ne donner lieu qu'à une rémunération variable.

- *Développer vos collaborateurs*

Dans la perspective d'évolution que nous venons de décrire, la formation des collaborateurs sera centrale mais devra évoluer profondément dans ses approches et ses méthodes.

Nous devrons apprendre tout au long de notre vie et non une fois pour toutes à l'école.

L'apprentissage devra être aussi concomitant que possible avec l'action. Nous devrons mettre en œuvre rapidement ce que nous avons appris. Aussi les entreprises devront chercher à mettre en place des programmes facilitant l'auto-apprentissage, l'aller retour entre l'acquisition de nouveaux savoirs et leur mise en œuvre, favorisant l'autonomie.

Il faudra également progresser dans les méthodes d'acquisition des compétences relationnelles notamment au travers de programmes *ad hoc,* mais surtout en mettant en place des organisations du travail facilitant la mise en œuvre de ces compétences.

© Éditions d'Organisation

Enfin il faudra rapprocher la formation des opérations tout en préservant des programmes plus lourds pour permettre aux collaborateurs qui en ont besoin de maîtriser les savoirs fondamentaux nécessaires demain (capacité d'abstraction, de communication…).

Le développement par la gestion de carrière devra également évoluer. Il faudra l'adapter aux attentes des collaborateurs sachant que le nombre de « niveaux » d'emploi va se réduire et donc que les « carrières » seront plus horizontales (changement de fonction) que verticales (prise d'un poste de niveau supérieur).

Il faudra également mettre en place des programmes pour veiller au maintien de l'employabilité interne et externe des collaborateurs.

Enfin il faudra de plus en plus inciter et donc aider nos collaborateurs à prendre en main leur avenir professionnel, à savoir se situer, à connaître leur potentiel, leurs attentes et leurs perspectives.

• *Les relations avec la DRH*

Comme nous l'avons vu dans le chapitre qui lui est consacré, la DRH va évoluer dans ses missions et son rôle pour s'adapter aux besoins de l'entreprise.

Elle sera de moins en moins une direction de gestion des hommes et de plus en plus un sorte de direction Hommes, Management et Organisation, garante de la dimension sociale et humaine de l'entreprise, concevant des outils de gestion individualisés et agissant comme support des managers opérationnels. Ceci aura pour conséquences de voir se modifier le profil des titulaires des postes de Direction des Ressources Humaines.

© Éditions d'Organisation

Le rôle encore plus important de l'animateur d'équipe

Face à cette accélération et à cette complexification du management des hommes, la seule réponse possible est d'en situer la responsabilité au niveau du chef d'équipe.

À ce niveau, la variété des collaborateurs peut être prise en compte, à ce niveau l'analyse fine des besoins peut être menée.

Donc votre rôle dans l'animation de votre équipe et le management des hommes ira croissant dans les années à venir.

© Éditions d'Organisation

FAISONS LE POINT

- L'exigence des différents partenaires de l'entreprise ira croissante.

- Les experts s'affrontent sur l'avenir du travail.

- Le contenu du travail changera profondément, les compétences relationnelles seront au cœur de tous les emplois.

- Les formes d'exercice du travail changeront, l'unité de lieu et de temps sera cassée.

- Les méthodes de gestion des ressources humaines devront évoluer pour s'adapter aux enjeux de demain.

- Le rôle de l'animateur d'équipe sera encore plus important demain.

© Éditions d'Organisation

MES CONSEILS

⇨ *Prenez le temps nécessaire à la connaissance de chacun de vos collaborateurs directs*

  • *Sachez quelles sont leurs compétences, y compris celles qu'ils n'utilisent pas aujourd'hui,*

  • *Sachez, au-delà de l'argent, quels sont les éléments de rétribution qui les motivent le plus.*

⇨ *Souvenez-vous qu'il y a autant de façons de manager que de collaborateurs ! Comme vos clients, ces derniers attendent un traitement individualisé.*

⇨ *À chaque occasion de recrutement, prenez le temps d'analyser le travail de votre équipe et d'éventuellement le redéfinir.*

⇨ *Vous devez avoir (ou prendre) la responsabilité du choix d'un nouvel arrivant dans votre équipe, c'est votre décision.*

⇨ *Ne recrutez jamais votre semblable !*

⇨ *Partagez avec vos collaborateurs une vision, un projet pour votre équipe.*

⇨ *Trouvez et exprimez votre équilibre personnel entre management contractuel (objectifs) et management arbitraire.*

⇨ *Faites confiance a priori, vous pourrez ainsi plus facilement déléguer, mais exercez un contrôle sans faille.*

⇨ *Ne remettez pas à demain une décision qui (souvent) peut se prendre aujourd'hui.*

© Éditions d'Organisation

⇨ *Vos collaborateurs ont une capacité de mobilisation et de changement supérieure à celle que vous leur attribuez.*

⇨ *Évaluez, appréciez vos collaborateurs sur leurs résultats et non sur des impressions et des images.*

⇨ *Ayez le courage d'exprimer vos opinions face-à-face, exprimez clairement vos reproches.*

⇨ *Dans un entretien d'appréciation, l'« avant » et l'« après » (préparation et mise en œuvre des décisions arrêtées), sont aussi importants que le « pendant ».*

⇨ *Sachez expliquer clairement le type de contribution que vous attendez de vos collaborateurs, la manière dont vous les évaluerez et dont vous les rétribuerez.*

⇨ *Ayez le courage de concentrer vos augmentations de salaire plutôt que de les saupoudrer sur l'ensemble de votre équipe.*

⇨ *Veillez à la cohérence entre vos propos au quotidien avec vos collaborateurs et la sanction salariale que vous prendrez, soyez consistant.*

⇨ *Dans votre propre intérêt, développez vos collaborateurs.*

⇨ *En formant vos collaborateurs, vous accroissez vos propres compétences de manager.*

⇨ *Organisez le travail de façon à ce qu'il développe les compétences de l'équipe.*

⇨ *Ouvrez votre équipe à l'extérieur et faites confiance aux capacités d'adaptation de vos collaborateurs.*

© Éditions d'Organisation

- ⇨ *Prenez en charge votre destin professionnel, bâtissez votre projet.*

- ⇨ *En prenant soin au quotidien de vos collaborateurs, vous évitez des échecs futurs pour certains d'entre eux.*

- ⇨ *Lorsque vous constatez que l'un de vos collaborateurs n'atteint pas ses objectifs de manière récurrente ou transgresse les règles du jeu ; n'hésitez pas, après l'avoir averti et avoir cherché à l'aider pour corriger le tir, à vous en séparer. C'est un problème d'équité vis-à-vis des autres membres de l'équipe.*

- ⇨ *Pour mettre en œuvre un licenciement, rapprochez-vous de votre direction des ressources humaines ou d'un conseil spécialisé en Droit du travail.*

- ⇨ *Ne pensez pas d'abord à ce que vous avez à dire mais plus aux informations dont vos collaborateurs ont besoin pour réaliser leurs missions.*

- ⇨ *Ne cherchez pas à faire de la rétention d'information, dans un environnement qui en véhicule de plus en plus et de plus en plus vite.*

- ⇨ *Commentez les informations que vous diffusez, donnez-leur un sens propre à chacun de vos interlocuteurs.*

- ⇨ *N'essayez pas de faire passer par vous toutes les informations qui circulent dans votre équipe.*

- ⇨ *Ayant confiance a priori en vos collaborations et précisez leur les conditions de son maintien.*

© Éditions d'Organisation

⇨ *En matière d'information et de communication, plus que dans d'autres domaines, vos collaborateurs se comporteront avec vous comme vous vous comportez avec eux.*

⇨ *Comprenez ce qui guide les choix politiques et les décisions de votre DRH.*

⇨ *Invitez votre DRH, votre responsable de recrutement ou de formation dans votre service, ceci leur permettra de mieux comprendre vos préoccupations et donc de mieux vous servir.*

⇨ *En cas de problème, rapprochez-vous de votre DRH à temps, en anticipant, cela vous permettra ensemble de trouver plus facilement des solutions.*

⇨ ***Soyez attentifs aux grandes évolutions de l'environnement du management des hommes.***

© Éditions d'Organisation

CONCLUSION

Et maintenant comment progresser ?

Et maintenant, si vous avez été convaincu par les approches proposées dans ce livre, que faire ? Comment progresser ? Comment mettre en œuvre ?

Certainement pas en voulant tout de suite, tout faire. D'abord parce qu'aucun manager n'est « parfait », chacun anime, doit animer son équipe selon sa sensibilité, sa personnalité. À trop vouloir corriger ses défauts, le résultat est pire que l'intention.

Le problème est donc de décider sur quoi agir en priorité et comment bâtir son plan d'action. C'est le but de la démarche que je vous propose en conclusion.

© Éditions d'Organisation

La démarche à adapter comprend trois étapes :

• *d'abord essayer de bien vous connaître en tant que manager d'équipe, quelles aptitudes avez-vous si vous n'avez pas encore exercé cette activité, quels sont vos points forts et vos points faibles si vous l'avez déjà exercée ou si vous l'exercez ;*

• *ensuite analyser les problèmes de votre équipe, ses caractéristiques, ses activités afin de repérer les problèmes de management que vous risquez de rencontrer le plus fréquemment ou ceux qui sont les plus difficiles ;*

• *pour terminer sur des priorités de progrès en combinant les deux analyses qui précèdent.*

Connaissez-vous vous-même

La première question à résoudre est d'avoir la meilleure connaissance de soi possible.

Avez-vous peur d'autrui ? Ou plus simplement êtes-vous mal à l'aise dans la relation avec les autres ? Êtes-vous intéressé par les relations humaines, leurs ambiguïtés, leur charge affective, leurs complexités où préférez-vous un travail plus technique, fondé plutôt sur l'analyse de dossiers ?

Il n'est pas toujours facile de répondre à ces questions, d'autant qu'elles simplifient une réalité qui à l'évidence est moins tranchée. Mais il faut néanmoins le faire car si vous n'êtes pas à l'aise dans la relation avec les autres, vous aurez des difficultés d'écoute, des difficultés à animer, à communiquer...

Votre degré de confiance en vous est une autre des questions-clés. Confiance en votre expertise technique, confiance en vos opinions, vos analyses, votre capacité de jugement... car ce n'est que si vous avez confiance en vous que vous pourrez facilement déléguer et ne pas voir un rival caché derrière chacun de vos collaborateurs !

© Éditions d'Organisation

Si vous êtes déjà en position de management et que vous cherchez à évaluer vos compétences et vos performances de manager, vous pouvez utiliser plusieurs méthodes :

- vous pouvez en parler avec vos collaborateurs, ceux en lesquels vous avez le plus confiance et les écouter vous renvoyer en miroir l'image qu'ils ont de vous ;

- vous pouvez en parler à votre DRH, lui demander de vous donner sa vision de vous en tant que manager ou même lui demander d'utiliser un questionnaire 360 ° du type de celui décrit dans le chapitre sur l'évaluation ou encore faire un bilan professionnel en interne ou en externe.

N'ayez pas peur d'autrui, ayez confiance en vous et enfin, même si cela peut vous faire sourire, apprenez à gérer votre humeur.

Si vous êtes d'humeur inégale, tantôt content, tantôt bougon, vos collaborateurs adapteront leurs stratégies : les bons jours on vous présentera les dossiers difficiles, les mauvais on ne vous parlera pas… Vous compliquerez donc vos relations avec eux.

Bref, cherchez à bien vous connaître, car vous ne pourrez progresser qu'à la marge sur les dimensions du management éloignées de vos pentes personnelles et naturelles tandis que vous pourrez faire des progrès très significatifs sur des traits proches de votre personnalité.

Analysez les problèmes spécifiques à votre équipe

Votre équipe a des caractéristiques liées à sa nature d'activité (production, commercial, recherche, comptabilité…), à son histoire, aux particularités des collaborateurs qui la composent… Celles-ci engendrent des problèmes d'animation d'équipe spécifiques.

© Éditions d'Organisation

Vous pouvez analyser la spécificité de votre équipe au regard de deux critères : la difficulté du problème et sa récurrence. Il ne s'agit pas de juger dans l'absolu mais en fonction de la perception que vous en avez.

Par exemple, si vous avez de nombreux recrutements à faire, vous allez évaluer le problème comme récurrent, si vous avez des recrutements que vous estimez complexes à réaliser, vous allez évaluer le problème comme difficile.

Sur l'ensemble des activités de gestion des hommes et d'animation d'équipe décrites dans cet ouvrage vous allez remplir les tableaux qui suivent, en utilisant les cotations suivantes :

3 pour très difficile et/ou très fréquent

2 pour difficile et/ou fréquent

1 pour facile et/ou rare

© Éditions d'Organisation

Exemple d'analyse de l'activité d'une équipe

Tableau d'analyse des activités de gestion des hommes

Activité de gestion de ressources humaines	Difficulté	Fréquence	Total
• Recrutement externe	3	3	6
• Recrutement interne	3	1	4
• Évaluation de collaborateurs	1	3	4
• Rétribuer	2	2	4
• Développer	3	3	6
• Se séparer	3	3	6

Tableau d'analyse des activités d'animation d'équipe

Activités d'animation d'équipe	Difficulté
• Fixer des objectifs	1
• Contrôler	2
• Décider	2
• Manager des changements	3
• Informer	3

Vous êtes responsable d'une équipe de vente et vous faites cette analyse :

• Votre turn-over vous conduit à recruter fréquemment, mais il est difficile de trouver de bons vendeurs. Vous avez très peu l'occasion de proposer des postes en interne.

• L'évaluation et la fixation d'objectifs sont assez simples à faire car les objectifs de ventes peuvent être aisément déterminés et les indicateurs de mesure faciles à établir.

• Les problèmes de rétribution sont fréquemment abordés comme dans toute équipe de vente et vous les évaluez comme difficile à gérer.

...

© Éditions d'Organisation

⎾Exemple d'analyse de l'activité d'une équipe (suite)

– Les problèmes les plus difficiles et les plus fréquents sont :

• ceux liés au développement car vos collaborateurs ont de nombreuses compétences à développer mais peu de temps à y consacrer et votre budget aujourd'hui est trop faible ;

• et ceux liés à la séparation de collaborateurs car il arrive fréquemment que des membres de l'équipe n'atteignent pas leurs objectifs malgré des efforts importants de leur part.

– En terme de management, la gestion du changement et l'information semblent être les points les plus difficiles à traiter.

Le responsable de cette équipe est confronté aux priorités suivantes :

Priorités 1 :   Recrutement externe
Développement
Séparation
Management du changement
Information

Pour votre équipe, menez le même type d'analyse, afin de définir les priorités générées par ses spécificités.

Confrontez-les à vos points forts et points faibles et déterminez un ou deux champs sur lesquels vous allez bâtir un plan de progrès personnel.

Votre plan de progrès personnel

Une fois le diagnostic établi, fixez-vous un ou deux objectifs de progrès par thème (la relecture des chapitres ou parties de chapitre concernés pourra vous servir de référent), et donnez-vous des indicateurs en les repérant dans le temps.

Pour vous aider à progresser sur les thèmes que vous avez retenus, vous pourrez :

© Éditions d'Organisation

- lire des ouvrages ou articles spécialisés ;

- dialoguer avec votre DRH ;

- suivre un programme de formation *ad hoc* ;

- dialoguer avec un collègue qui vous semble exemplaire pour le thème sur lequel vous avez décidé de travailler.

Écrivez votre plan d'action avec ses objectifs, ses indicateurs de mesure, les dates auxquelles vous ferez les mesures et les moyens de support que vous allez mobiliser ; référez-vous à ce document de temps à autre.

Votre principal ennemi : le temps !

L'ennemi numéro 1 du manager d'équipe est le temps. Nombre de chefs d'équipes, à la lecture de cet ouvrage, se demanderont quand entreprendre toutes les actions qui y sont décrites.

Écouter les collaborateurs, connaître vraiment leurs compétences, savoir comment faire se mobiliser chacun, donner le sens, informer, commenter, contrôler... bref manager son équipe est un job à temps plein !

Ceci n'est pas toujours bien compris dans les entreprises où, pour le même homme, coexisteront une responsabilité d'animation d'équipe et des responsabilités techniques.

Mais ne mettons pas tout « sur le dos » de l'entreprise. Manager les hommes demande du courage et nous n'en n'avons pas toujours. Ainsi qu'allez-vous faire comme arbitrage entre un ou des collaborateurs qui vous demandent du temps et :

- votre patron qui vous téléphone pour vous proposer une réunion impromptue ;

- le temps que vous aviez programmé pour vous afin de préparer une présentation que vous devez faire le lendemain ?

© Éditions d'Organisation

De plus le temps dû au management de l'équipe ne se planifie pas complètement car le plus important est probablement la disponibilité. Promenez-vous dans les couloirs, dans le service, dans l'atelier ; ayez la porte de votre bureau ouverte lorsque vous n'êtes pas en réunion, montrez à vos collaborateurs votre disponibilité mais apprenez-leur à respecter le temps dont vous avez besoin pour vous.

Votre principal allié : l'exemple

Au risque d'être redondant, répétons-le : la force de l'exemple est inestimable. Ne demandez pas aux autres de faire ce que vous ne vous appliquez pas à vous-même, ils ne le feront pas, ou feront semblant.

C'est votre travail de montrer le chemin, si vous le faites avec conviction et enthousiasme, vous y entraînerez votre équipe.

© Éditions d'Organisation

BIBLIOGRAPHIE

Les références

PERETTI J.-M. (Sous la direction de), *Tous DRH*, Editions d'Organisation, 2001.

CADIN L., GUÉRIN F., PIGEYRE F., *Gestion des Ressources Humaines : pratiques et éléments de théorie*, Dunod, 1997.

WEISS D. et *alii.*, *La fonction Ressources Humaines*, Editions d'Organisation, 2000.

BESSEYRE DES HORTS C.-H., *Vers une gestion stratégique des Ressources Humaines*, Editions d'Organisation, 1988.

PERETTI J.-M., *Ressources Humaines et Gestion de Personnel*, Vuibert, 2001.

DONNADIEU G., *Manager avec le social : l'approche systémique appliquée à l'entreprise*, Editions Liaisons, 1997.

PFEFFER J., *The Human Equation : building profits by putting people first*, HBS Press, 1998.

© Éditions d'Organisation

Pour réfléchir

BIDAULT F., GOMEZ P.-Y., MARION G. (sous la direction de), *Confiance, Entreprise et Société*, Editions ESKA,1995.

DUPUY F., *Le Client et le Bureaucrate*, Dunod, 1998.

FAUVET J.-C., *La Socio-dynamique, concepts et méthodes*, Editions d'Organisation, 1996.

THÉVENET M., *Le plaisir de travailler*, Editions d'Organisation, 2000.

TROUVÉ P. (Sous la direction de), *Le devenir de l'encadrement intermédiaire*, La Documentation française, 1998.

Pour approfondir un thème

BARRIER N., *Les entretiens de recrutement qui marchent*, First, 2001.

ERNOULT V., *Recruter sans se tromper*, Editions d'Organisation, 2000.

QUÉTANT G.-P., PIERCHON M., *L'embauche : guide juridique et pratique*, Editions d'Organisation, 1998.

Animer, mobiliser, organiser l'équipe

HICKMAN C., DUBRULE P., PELISSON G., *Le Plus Management : âme de leader, esprit de manager*, Maxima, 1991.

FABRE M., *Être authentique, donner le sens : le nouvel élan du management*, Les Presses du Management,1998.

CHAMPY J., *Reengineering du management : la meilleure façon de détenir le pouvoir est d'y renoncer*, Dunod, 1993.

DIONNE P., ROGER J., *Le stratège du XXIe siècle : vers une organisation apprenante*, Gaëtan Morin, 1997.

© Éditions d'Organisation

GROUARD B., MESTON F., *L'entreprise en mouvement : conduire et réussir le changement*, Dunod 1998.

DOYON C., *La délégation, responsabilisez votre personnel*, Editions Nouvelles, 1997.

L'évaluation

LAPRA J.-P., *L'évaluation du personnel dans l'entreprise, un nouveau dynamisme dans la gestion des ressources humaines*, Dunod, 1997.

Le développement

PARMENTIER C., *Former l'entreprise de demain : la formation innovante au service du changement*, Editions d'Organisation, 1998.

MEIGNANT A., *Manager la formation*, Editions Liaisons, 1997.

LONGIN P., *Coachez votre équipe : techniques de coaching individuel et de coaching d'équipe*, Dunod, 1998.

La rétribution

DONNADIEU G., *Du salaire à la rétribution : pour une nouvelle approche des rémunérations*, Editions Liaisons, 1997.

L'information et la communication

ORGOGOZO I., *L'entreprise communicante : des châteaux forts aux cloisons mobiles*, Editions d'Organisation, 1998.

DÉTRIE P., MESLIN BROYEZ C., *La communication interne au service du management*, Editions Liaisons, 1995.

La séparation

ANTONA J.-P., *La rupture du contrat de travail : guide juridique et pratique*, Editions d'Organisation, 1998.

© Éditions d'Organisation

INDEX

A

Allocation de ressources, 11, 74, 78
Ancienneté, 94
Assessment centre, 39, 205
Augmentation, 110-113
Avantages en nature, 100

B

Balance contribution / rétribution, 14-19
Bonus, 99
Budget, 30, 111

C

Carrière,
   gestion de ~, 133-139
   perspectives de ~, 138
Cahier des charges, 42, 128-131, 187-188
Capacité d'adaptation, 108
Changement, 60-62, 64, 123
Chantage, 113
Collaborateur,
   accompagner vos ~, 64
   intégrer un ~, 43-44
   se séparer d'un ~, 151-152
   sélectionner un ~, 38-39
Communication, 166-169
   ~ verbale, 169
   ~ écrite, 169
Communiquer, 63-64, 97, 110, 149

Compétences, 12, 18, 29-31, 64, 77-79, 108, 146, 203
   ~ du management, 29
   ~ des collaborateurs, 9
   ~ managériales, 78
   ~ relationnelles, 29, 78, 206
   ~ techniques, 29, 78
Compétition, 118
Compétitivité, 109
Confiance, 9, 57, 73, 124, 144, 167-168
Contribution, 18-19, 94
Contrôler, 56, 58-60
Coûts, 196-198

D

Décider, 59-60
Définition de fonction, 27-31
Délais, 199
Déléguer, 55-57, 121
Dialogue, 74, 132, 144, 166, 205
Différence, 56
DRH, 82, 176
   mission de la ~, 176-180, 207
   relation avec la ~, 180-183
Droit à l'erreur, 56, 124, 168
Droit du travail, 150

E

Échanges, 74
Échec, 144
Empowerment, 57

© Éditions d'Organisation

Entretien, 40-43
  attitudes durant l'~, 87
  conclusion de l'~, 81, 88
  conditions de l'~, 87
  ~ collectifs, 39
  ~ d'appréciation, 71-74, 86
  ~ de recrutement, 40-41
  ~ face-à-face, 80
  ~ individuels, 39
Épargne salariale, 100
Équipe, 10-11, 121
  animation d'~, 1
  mobiliser une ~, 54
  problème de l'~, 214-216
  ~ projet, 62
Équité, 82, 97, 109, 112
Évaluation, 71, 205
  méthodes d'~, 80-86,
  potentiel d'~, 79
Évaluation 360°, 84-86
Externalisation, 204

F
Feed-back, 89
Flexibilité, 110
Formation, 13, 64, 103, 125-128, 147-148, 186, 206
  besoins de ~, 126
  expert en ~, 186-188

I
Identité sociale, 14
Indicateurs, 59
  ~ de mesure, 54, 73, 76
Information, 157-165
  confidentialité de l'~, 163-164
  faire circuler l'~, 162-163
  fluidité de l'~, 124
  pertinence de l'~, 163
  sélectionner l'~, 158-159
  support de l'~, 164-165
Intégration, 43-44
Intéressement, 99
Investissement, 94

L
Licenciement,
  ~ économique, 150
  ~ pour faute, 149-152

Loi
  ~ et les textes conventionnels, 20
  ~ sur la participation, 99

M
Management, 120-121
  ~ des entreprises, 196-204
  ~ des ressources humaines, 204-208
  compétences du ~, 29
  qualité du ~, 17, 104
  ~ contractuel, 73
  ~ d'équipe, 217-218
  ~ de proximité, 145
Marché
  ~ de l'emploi, 20
  ~ du travail, 7
Mécontentement, 72
Méthode HAY, 98
Mission, 28, 162
Mobilisation, 15
Motivation, 6, 95, 98, 144

O
Objectifs, 13, 49-54, 74-76, 128-131
Organisation du travail, 13

P
Partenaires, 196
Pédagogie, 49
Performance, 19, 74, 107, 133-137, 148, 206
  ~ collective, 95
  ~ durable, 8
  ~ individuelle, 95
Plan de redressement, 148
Potentiel, 79-80, 95, 108
Primes, 99
Progrès, 58-59, 71, 79
  ~ personnel, 216-217
Projet, 48-49
Prud'hommes, 150

Q
Qualification, 95, 107

R
Récompenser, 53
Reconnaissance, 14-15, 17, 102, 144

© Éditions d'Organisation

Recrutement, 12, 26, 205
~ externe, 35-36
~ interne, 34-35
expert en ~, 183-186
profil de ~, 32-33
Recul, 56, 71
Rémunération, 16, 74, 81, 94, 105-109, 205-206
~ des compétences, 108
~ totale, 108
Représentants du personnel, 20
Résultats, 9, 74-76, 106, 148, 206
Rétribution, 16-18, 64, 94
~ monétaires, 99-100
~ non monétaires, 102-105
~ par le temps, 101-102
Rumeurs, 64

S
Salaire, 14, 99

Sécurité, 14
~ de l'emploi, 102
Séparation, 13
Stimulation, 110
Stocks-option, 100

T
Transparence, 53-54, 59, 73, 75
Travail, 199
conditions de ~, 103
contenu du ~, 199-202
~ en équipe, 201
environnement du ~, 201
espace de ~, 203
marché du ~, 106
organisation du ~, 121-124
temps de ~, 95, 101, 197, 202-203

Z
Zone d'arbitraire, 53-54

© Éditions d'Organisation

www.ingramcontent.com/pod-product-compliance
Lightning Source LLC
Chambersburg PA
CBHW052111230326
41599CB00055B/5547